Stefan Gottschling

Lexikon der Wortwelten

W0073373

Übung / Beispiel

Dieses Buch ist voller Beispiele aus der Praxis. Das Häk-
chensymbol zeigt Ihnen sofort, wo Sie diese Beispiele finden. Gleichzeitig fordert es Sie an dieser Stelle auf, eigene
Beispiele zu suchen und die jeweilige Wortwelt auf Ihren
Kontext zu übertragen.

Marginalien

Zahlreiche kurze Sätze auf dem Rand des Buches erläutern
die wesentlichen Punkte des Textes. Gemeinsam mit den
Zusammenfassungen fügen sie sich zu einer Schnell-Lese-
leiste zusammen. So lassen sich die wichtigsten Inhalte mit
wenig Zeitaufwand lesen und bearbeiten.

Vorwort
– oder warum dieses Lexikon entstand

Es gibt Schreibtechniken, die regen besonders starke Bilder im Kopf des Lesers an und lenken die Gedanken in ganz neue Richtungen. Die Macht der Sprache wird deutlich, wenn einer „Feuer fängt", „die Ruhe vor dem Sturm bewahrt" oder schlicht und einfach der nächsten Präsentation „entgegenfiebert". Da führt ein Wort in neue Assoziationen hinein, knüpft neue Verbindungen und stellt neue Bezüge her.

Wenn Sie also „Feuer fangen" oder „darauf brennen", die nächsten Seiten zu lesen, bringen Sie nicht nur ein Sprachbild „ins Leben", sondern neue Sinnzusammenhänge auf die sprachliche Bühne. Und um diese Bühne zu gestalten, wartet eine riesige Auswahl von bildhaften Wörtern und Redewendungen auf Sie. Wir haben sie nach Thema gegliedert und nennen sie Wortwelten. Diese Wort-Bild-Welten sind die Kulissen des großen Worttheaters, die Hintergrundbilder des Wortkinos.

Wenn wir nach einer Krise unsere Firma endlich wieder „in ruhige Gewässer steuern", nach harter Verhandlung „die Segel streichen" oder in den Geschäften „Flaute" herrscht, bewegen wir uns zum Beispiel in der Wortwelt der Seefahrt.

Sprachbilder gebrauchen wir ständig, meist ohne es überhaupt zu bemerken. In meinen Texterseminaren machten wir sie dann erstmals unter dem Begriff „Wortwelten" zum Thema. Und dann tauchte schon die Frage nach einem Lexikon der Wortwelten auf. Wo man Wörter und Wendungen nachschlagen könne und man Hinweise bekäme, in welche Richtung sich ein Text mit einer Wortwelt bewegt.

Hier ist nun dieses kleine Lexikon der Wortwelten. Es erhebt keinen Anspruch auf Vollständigkeit und wurde nicht für die germanistische Wissenschaft geschrieben. Es soll einfach Texter, Autoren, Redenschreiber, Journalisten und sonstige „Vielschreiber" unterstützen. Es soll neue Gedanken vermitteln, auf Ideen bringen und immer wieder zum bewussten Umgang mit der Sprache animieren.

Und es soll Spaß machen! Den wünsche ich Ihnen beim Lesen, Stöbern und Schreiben mit Ihrem Lexikon.

Ihr

Stefan Gottschling

Bereits in der 4. Auflage – mit 7 neuen Wortwelten

Unglaublich. Das Lexikon der Wortwelten erscheint bereits in der 4. Auflage. Danke für die vielen guten Ideen und den großen Zuspruch. Es hat sich in den vergangenen Jahren als praktisches Werkzeug für den Schreiballtag etabliert. Das Besondere: In der 3. und 4. Auflage kamen nun insgesamt **7 neue Wortwelten dazu**. Ganz neu 2015: die Themen „Länder, Städte und Regionen" und „Verbrechen und Kriminalität". Und neu gestaltet wurde auch die praktische Schnellübersicht auf der letzten Seite.

Viel Spaß beim Lesen, Schmökern und Entdecken der neuen Wortwelten.

Das sagt die Presse …

Das „Must-have" für jeden Texter

„Ein Must-have, mit dem Sie Stilbrüche vermeiden und Schreibblockaden überbrücken können. Mit zahlreichen Textbeispielen."
Werben und Verkaufen: „Lexikon der Wortwelten" als W+V Topseller 07/2008

„Fernsehen im Kopf"

„Wer etwas zu schreiben und/oder etwas zu sagen hat, ringt um den richtigen Ausdruck, das richtige Bild. Ziel ist es, das ‚Fernsehen im Kopf' einzuschalten. Wie das geht, verrät Stefan Gottschling."
Genussmaenner.de: „Lexikon der Wortwelten" 03/2008

„Kreatives Überraschungsei"

„Das Lexikon der Wortwelten gehört auf jeden Schreibtisch. Warum? Weil es viel spannender ist, bildhafte Texte zu schreiben und zu lesen. Und weil zum ‚Kino im Kopf' eine kreative Wortwahl gehört."
[Vorsicht] Starke Worte: „Kreatives Überraschungsei für starke Texter: Lexikon der Wortwelten" 03/2008

„Das schlägt dem Fass die Krone ins Gesicht"

„Wie man Wortbilder malt und sich nicht in Metaphern ‚verstrickt', erklärt Stefan Gottschling in seinem Lexikon der Wortwelten."
Insight 05/2008, Rezension zum „Lexikon der Wortwelten"

Wie dieses Lexikon funktioniert …

Was Ihr Lexikon liefert …

Ihr Lexikon der Wortwelten liefert bildhafte Wörter und Wendungen nach Thema sortiert. Es ist kein klassisches Wörterbuch der Redensarten, das Bedeutung und Herkunft erklärt. In solchen Nachschlagewerken finden Sie zum Beispiel für „auf den Hund gekommen" erst einmal die Bedeutung „verelenden, zugrunde gehen, moralisch sinken", dann die Herkunft: „Auf den Boden mittelalterlicher Geldtruhen war ein Hund gemalt. Wenn man ihn sah, war einfach kein Geld mehr da."

„Ein dicker Hund", „auf den Hund kommen", „leiden wie ein Hund", „bekannt wie ein bunter Hund" – das und noch viel mehr finden Sie im Lexikon der Wortwelten. Denn hier haben wir Sprachbilder für Sie gesammelt und thematisch geordnet. Die Wendung „auf den Hund kommen" erscheint also gemeinsam mit anderen tierischen Wörtern und Wendungen unter der Überschrift „Hund und Katz" in der Wortwelt „Tiere". Der „Hafen der Ehe" erscheint im Kapitel „Seefahrt", nicht unter dem Oberthema „Zwischenmenschliches".

Wie Sie mit Ihrem Lexikon arbeiten …

Die Systematik des Lexikonteils soll Ihnen das Nachschlagen bzw. Wiederfinden bestimmter Wendungen so einfach wie möglich machen. Für den schnellen Zugang sorgt das ausführliche Inhaltsverzeichnis ab Seite 8. Und wenn es noch schneller gehen muss: Die letzte Seite zeigt die Wortwelten „auf einen Blick".

Ihre Schnell-Zugänge:
- Inhaltsverzeichnis ab Seite 8,
- die letzte Seite,
- graue Seiten im Buch.

Außerdem geben die jeweiligen Schlüsselbilder zum Thema Orientierung beim Durchblättern. Zu jedem Thema gibt es eine gesonderte Überblicksseite mit wichtigen Wendungen. Sie sind durch den grauen Hintergrund gekennzeichnet. So finden Sie auf einen Blick eine Auswahl an Sprachbildern, ohne erst den gesamten lexikalischen Abschnitt lesen zu müssen.

Zur Schreibung

Natürlich müsste man jede Wendung in Anführungs- und Schlusszeichen setzen. Aber damit würden wir Ihnen „einen Bärendienst erweisen". Denn dieses Buch wimmelt von Wendungen und würde im lexikalischen Teil oder in den nicht ganz ernst gemeinten Einführungen dadurch einfach unübersichtlich. Deshalb setzen wir Anführungs- und Schlusszeichen nur sparsam ein, um Ihre Aufmerksamkeit auf bestimmte Sprachbilder zu lenken oder einzelne Wendungen bewusst „ins Bild zu setzen".

Nicht ganz ernst gemeint …

… sind die „Anschreiber" der einzelnen Wortwelten. Wir haben einfach mit viel Spaß die verschiedenen Metaphern verdichtet. So entstehen Sprachbilder, die mächtig übertrieben sind – und die wie ein Bilder-Puzzle erscheinen. Wir wünschen wir Ihnen viel Freude mit diesen oft überladenen Einstiegsbildchen.

Kapitel 1

Eine Erklärung der Wortwelten und erste Regeln für ihren Gebrauch ...

Was erwartet Sie in diesem Lexikon? Was sind Metaphern? Warum Wortwelten? Und welche Regeln gelten für den Text? Das erste Kapitel liefert Antworten: Es definiert, worum es geht, und erklärt, wie und wann Sie Wortwelten einsetzen sollten – und wann nicht. Denn gerade weil das Spiel mit Sprachbildern so reizvoll ist, erfordert ihr Einsatz viel Fingerspitzengefühl.

Wortwelten: Was sie sind und was sie tun ...

Sprachbilder, Sprichwörter, Redensarten: Was ist was?

Wortwelten sind nach Themen sortierte Sprachbilder.

Wenn „die rechte Hand des Generals am Fuß des Berges den Kopf der Expedition trifft" – dann wirkt dieser Satz nicht nur überladen, die genannten Sprachbilder haben auch eines gemeinsam: In Ihrem neuen Lexikon gehören sie in die Wortwelt „Der menschliche Körper". Denn dieses Buch liefert thematisch geordnete Sprachbilder, um das Kino im Kopf Ihrer Leser anzuregen. Zu diesen Sprachbildern gehören bildhafte Wörter („der Kopf", verstanden als Anführer wie in „Kopf der Expedition"), aber auch Redewendungen („das hat Hand und Fuß") und manchmal sogenannte sprichwörtliche Redensarten oder Sprichwörter („Morgenstund hat Gold im Mund!").

Sprachbild, bildhafter Ausdruck, Redewendung, sprichwörtliche Redensart und Sprichwort: Diese Begriffe tauchen auch in der Literatur auf, wenn man sich mit unserem Thema beschäftigt. Was ist nun was?

Sprachbild, Redewendung, Sprichwort: Was ist was?

Wenn in der Werbung ein neuer Stern am Autohimmel auftaucht, ist das noch keine Redewendung, noch keine sprichwörtliche Redensart und auch kein Sprichwort. Es ist einfach Dichters oder Werbers Freiheit, eine Metapher zu verwenden und eine bildhafte Übertragung vorzunehmen. Gar keinen Spielraum gibt es bei stehenden Wendungen. Denn das sind feste Wortverbindungen, deren Bestandteile nur zum Teil oder gar nicht ausgetauscht werden können. Da hat etwas „Hand und Fuß" – nicht Fuß und Hand. Die Wissenschaft, die sich mit all den hier und im Folgenden genannten Bauteilen der Sprache beschäftigt, nennt man übrigens Idiomatik oder Phraseologie.

Auf den Weg in Richtung Sprichwort geraten bildhafte Ausdrücke, wenn sie oft genug wiederholt werden. Und wenn sie jeder versteht – sogar, wenn die ursprüngliche Bildbedeutung verloren gegangen ist. Wie bei „durch die Lappen gehen" (ein Begriff aus der Treibjagd, bei der man

Waldstücke durch an Seile gebundene Lappen aus Stoff eingrenzte, um das Wild „drin" zu halten). Solche immer wieder gebrauchten Bauteile der Sprache sind sprichwörtliche Redensarten oder Redewendungen. Sie sind noch keine starren Sprichwörter und im Satz flexibel.

Und Sprichwörter? Das sind erst einmal ganze Sätze. Feststehend. Immer. Meist drücken sie mit moralischem Zeigefinger im weitesten Sinne eine Lebenserfahrung aus. So wie: „Man soll den Tag nicht vor dem Abend loben ..."

Warum Metaphern für dieses Lexikon so wichtig sind

Hinter vielen Sprachbildern und Redewendungen dieses Lexikons der Wortwelten verbirgt sich eine rhetorische Stilfigur: die Metapher. Dabei ist wichtig: Metaphern tauchen nicht in jedem Ausdruck auf, den wir für Sie gesammelt haben. Doch wenn sie auftauchen, haben sie eine besondere Funktion. Sie sind der Königsweg des bildhaften Schreibens und bringen unglaublich viel Spannung in einen Text. Deshalb beschäftigen wir uns noch intensiver mit dieser Stilfigur.

Metaphern lassen neue Sinnzusammenhänge entstehen.

Was ist nun eine Metapher? Vereinfacht gesagt: Zwei Begriffe oder – weiter gefasst – zwei Themenbereiche, die auf den ersten Blick nichts miteinander zu tun haben, begegnen sich in einem Satz oder in einer Wendung. Und nun geraten sie in einen neuen Zusammenhang. Die Wortbedeutungen schieben sich übereinander und vorher Getrenntes verbindet sich zu etwas Neuem: So entstehen der Hafen der Ehe, der Fuß des Berges, das Luftschiff ...

Me|ta|pher bildlicher Ausdruck, z. B. Stimmungsbarometer, Schaukelpolitik, „aus der Taufe heben" statt „gründen" [<griech. *metaphora* „Übertragung, bildlicher Ausdruck", zu *metaphorein*, *metapherein* „woandershin tragen", <*meta* „nach ... hin" und *pherein* „tragen"]

Aus: Bertelsmann Wörterbuch der deutschen Sprache

Definition „Metapher"

Wie spannende Sprachbilder entstehen ...

Metaphern sind „zweideutig".

Ein Begriff wird also laut Definition „woandershin getragen". In einen neuen Sinnzusammenhang. Und weil Metaphern zwei Themen in neue Zusammenhänge stellen, sind sie oft „zweideutig". Würde man die Begriffe „wörtlich" nehmen, wären sie falsch. So hat der Fuß des Berges keine Zehen, keine Ferse oder Sohle. Der Hafen der Ehe weder Kaimauer, Trockendock noch Hafenmeisterbüro.

Obwohl: Gerade im Hafen der Ehe können die Wellen ganz schön hochschlagen. Und so manche (alte) Fregatte ging hier vor Anker und war froh, dass sie diesen speziellen Hafen noch erreicht hatte.

Das reizvolle an solchen „Bildspielereien" im Kopf: Metaphern fordern dazu auf, Ähnlichkeiten zu konstruieren. Eine Bedeutungsübertragung findet statt. Denn eine Wendung oder ein Wort wird aus einem bestehenden Zusammenhang genommen und in einem neuen Zusammenhang verwendet.

Jede Wortwelt lässt uns die Welt durch eine andere Brille sehen.

Nutzen wir Wortwelten, sehen wir wie durch eine andere Brille. Die Ehe durch die Hafenbrille, den Berg durch die Brille der menschlichen Anatomie und unsere sportliche Leistungsfähigkeit durch die Brille der Musik, wenn wir nach dem anstrengenden Fünf-Kilometer-Lauf einmal wieder „aus dem letzten Loch pfeifen."

So überwinden Sie Schreibblockaden und vermitteln komplexe Sachverhalte spielerisch.

Hat man eine der zahlreichen Brillen aufgesetzt, entdeckt man, wie viele Bilder oder Vergleiche sich in mancher Wortwelt finden lassen: Bleiben Sie „auf Kurs", wenn's „in den Klippen der Konjunktur" einmal „stürmisch" wird, damit Ihre besten Kunden nicht „über Bord gehen". Man entdeckt ein spannendes und kreatives Werkzeug, um Schreibblockaden zu überwinden. Man entdeckt atemberaubende Bilder, die schlagartig Unbekanntes durch die richtige Metapher bewusst machen können. Man entdeckt einen spannenden Weg, um komplexe Zusammenhänge spielerisch zu vermitteln, und wir entdecken oft unfreiwillig Komisches, das uns herzhaft lachen lässt.

> Zusammengefasst: Metaphern spielen in der Kommunikation eine bedeutende Rolle. Denn wir benutzen sie auch, um neue Situationen besser zu verstehen und durch die Analogieschlüsse ins Bekannte bislang Fremdes und Unvertrautes leichter zu erfassen. Wen wundert es also, dass auch die Kognitionswissenschaft und die Gehirnforschung sich mit Metaphern beschäftigen.

Zusammenfassung

Unser Gehirn braucht und nutzt solche Brücken ins Bekannte, um Unbekanntes schnell zu verstehen. Dies ist die große Leistung solcher Sprachbilder. Und das ist der Grund, warum sie in Marketingtexten und im Journalismus so wichtig sind – und letztendlich auch einer der Gründe für das Entstehen dieses Lexikons. Metaphern sind Schnellstraßen ins Gehirn des Lesers.

Metaphern sind Schnellstraßen ins Gehirn des Lesers.

Aber entdecken Sie selbst, wie viele Wege hier auf uns warten …

Kleiner Nachsatz: Wie Metaphern funktionieren, darauf hat schon Aristoteles in seiner „Poetik" hingewiesen:

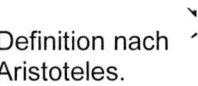

> „Eine Metapher ist die Übertragung eines Wortes (das somit in uneigentlicher Bedeutung verwendet wird), und zwar entweder von der Gattung auf die Art oder von der Art auf die Gattung oder von einer Art auf eine andere oder nach den Regeln der Analogie."
>
> *Aristoteles: Poetik. Kapitel 21 [1457b]. Reclam: Ditzingen. (Hrsg. und Übers. Manfred Fuhrmann, 1982)*

Definition nach Aristoteles.

Eine für heutige Begriffe weitgefasste Definition. Doch ein Teil, die Metapher „nach den Regeln der Analogie", entspricht etwa unserem modernen Begriff von Metapher.

Wie Sie mit Wortwelten richtig umgehen ...

Warum Bildersprache viel Fingerspitzengefühl erfordert

Wie Sie mit Wortwelten Regie führen und starke Bilder in den Kopf Ihrer Leser setzen.

Wenn der Film im Kopfkino Ihres Lesers nun „anläuft", sollten Sie jedoch auch ein paar Regeln beachten. So schön diese sprachlichen Bildwelten sind: Sie sind gleichzeitig mit Vorsicht zu genießen. Wer solche Kulissen für seine Produkt-Inszenierung nutzt, braucht viel Fingerspitzen gefühl. Allzu schnell wird aus starken Sprachbildern bemühte „Wortturnerei", unfreiwillige Komik oder man fällt auf einige ganz typische Fehlerteufel herein. Hier sind vier Regeln, die Sie davor schützen.

Vorsicht vor schiefen Bildern!

Regel Nr. 1: Bilder müssen stimmig sein!

Hüten Sie sich vor Bildfehlern im Kopfkino der Leser. Und die entstehen, wenn ein Text schiefe oder unstimmige Bilder aufbaut. Wenn „die rechte Hand des Kommandeurs über den Hof geht" hat der Kommandeur hoffentlich noch alle Gliedmaßen bei sich und nur seinen Adjutanten geschickt.

Auch der Kapitän, der das Schiff sicher durchs Riff führt, sollte besser nicht als jemand auftreten, der den Dingen gern auf den Grund geht. Das ist zwar eine schöne Metapher für Charakterzüge eines gewissenhaften Menschen – in diesem Fall jedoch verkehrt sie ein positives Bild in ein negatives. Denn der tiefe Grund des Meeres ist ja der Platz wo wir uns ein Schiff gerade nicht vorstellen wollen. Je tiefer Sie sich in eine Wortwelt begeben, desto größer ist die Gefahr, sich dort zu verirren.

So wäre ein Slogan wie der Folgende mit Sicherheit gut für einen Lacher. Ob das allerdings im Sinne des Erfinders ist, sei einmal dahingestellt:

Hautfreund – die gesichtsreinigende Hautcreme ist für reine, schöne Haut ausschlaggebend.

„Ausschlag gebend"? Schade, wenn die positiven Wirkungen einer Hautcreme hier per Wortakrobatik wieder ins Gegen-teil verkehrt werden.

Ein Tierbild in Schieflage zeigt das nächste Beispiel:

Ein gut dressierter Wachhund trägt auch zu Ihrer Sicherheit bei. Er hat den richtigen Riecher für Gefahren und ungebetene Besucher. Alles was er tut, hat Hand und Fuß.

Hoppla! Die wenigsten Menschen wollen, dass ihr Hund Hände und Füße hat. Was so gut mit dem richtigen Riecher beginnt, endet hier wieder mit einem falschen Bild.

Regel Nr. 2: Bleiben Sie in einer Welt!

Eine eiserne Regel: Mischen Sie nicht. Zu viele Wort-Bild-Welten im Text richten ein heilloses Durcheinander im Kopf des Lesers an. So können Sie nicht „mit Volldampf Richtung sicheren Hafen steuern, um an die Poleposition zu kommen", denn die Wortwelten Seefahrt und Motorsport passen nicht zusammen. Ganz besonders gilt das, wenn unterschiedliche Welten in einem Satz auftauchen. Übrigens ist manchmal auch Vorsicht angebracht, wenn man in einer Wortwelt bleibt. Denn ein wenig komisch klingt das schon, wenn Sie am Fuß des Berges den Kopf der Expedition treffen.

Sie sollten Wortwelten nicht mischen.

Regel Nr. 3: Trotzen Sie der Anziehungskraft und halten Sie Bilder nicht zu lange!

Wer erst einmal den Einstieg in eine Wortwelt gefunden hat, stößt schnell auf viele neue Wortspiele und gewitzte Formulierungen. Wortwelten machen Spaß – sie verleiten aber auch zu allzu verspielten Texten. Wohin das führt, haben wir versucht, Ihnen mit den Anschreibern der Kapitel deutlich zu machen.

Setzen Sie Wortwelten wohl-dosiert und ganz gezielt ein.

Denn irgendwann muss auch Ihr Angebot wieder genannt sein. Nutzen Sie dieses Lexikon, um es gekonnt ins Bild zu setzen und ihm neuen Glanz zu verleihen. Doch halten Sie Ihre Bilder nicht zu lange.

Besonders für den Verkaufstext gilt: Gehen Sie sparsam mit Metaphern um! Zu viele davon und Ihr Text wird zu poetisch. Wenn Ihr Werbeleser in Bildern schwelgt, kann es schwierig werden, ihn wieder auf den Boden der verkäuferischen Tatsachen zurückzuholen. Eine Faustregel: Wenn ein Satz mit Metapher geschrieben wurde, sollte ein Satz ohne Metapher folgen. Weniger ist mehr ...

Regel Nr. 4: Konstruieren Sie nicht mit Gewalt!

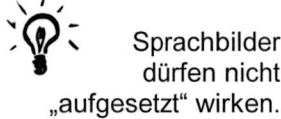

Sprachbilder dürfen nicht „aufgesetzt" wirken.

Manchmal scheint eine Wortwelt beim Schreiben zum Greifen nahe – aber wir erreichen sie nicht. Versuchen Sie nicht zwanghaft eine Wortwelt zu konstruieren. So etwas ist von vornherein zum Scheitern verurteilt – und wirkt durch schiefe Bilder eher peinlich. Schaffen Sie keine Wortbilder um jeden Preis. Die Grundlage verständlicher Texte sind Botschaften, die mit einfachen Worten und im Klartext vermittelt werden. Wenn dies unterstützt mit starken Sprachbildern gelingt: hervorragend. Wenn nicht, bleibt für den Texter immer noch die Verpflichtung im Kopf des Lesers anzukommen.

Zusammenfassung

> **Auf einen Blick:**
> 1. Hüten Sie sich vor Bildfehlern im Kopfkino!
> 2. Vermischen Sie Wortwelten nicht!
> 3. Halten Sie Bilder nicht zu lange!
> 4. Konstruieren Sie nicht um jeden Preis!

Ihre Notizen:

....

....

Wozu Wortwelten?

Was sie tun und wie man sie strategisch nutzt, um Texten mehr Kraft zu verleihen

Dieses Lexikon der Wortwelten liefert thematisch geordnete Sprachbilder. Solche Wort-Bild-Welten können Brücken ins Unbekannte schlagen, das Bildergehirn Ihres Lesers aktivieren und sein „Kino im Kopf" einschalten. Ihr Text wirkt. Er bekommt eine eigentümliche Faszination, fesselt den Leser. In vielen Texten ist dies ein wichtiges Mittel, um die Aufmerksamkeit eines Lesers schnell „hochzufahren". Besonders in der Werbung oder einer Rede. Können wir hier doch unsere Leser nicht langsam fesseln wie im Roman, wo wir über viele Seiten Handlungsstränge und Spannungsbögen aufbauen.

Steigern Sie die Aufmerksamkeit Ihrer Leser.

Wortwelten sind ein wirksames Mittel gegen Schreibblockaden!

Da sitzt man nun als Schreibender. Zum Schreiben verdonnert oder ins Schreiben verliebt – und der Einstieg will einfach nicht gelingen. Es fehlt die zündende Idee, der Gedanke, der Kopf, Bauch und Hand beflügelt, nun wohlgesetzte Worte aufs Papier zu bringen. Nutzen Sie Wortwelten einfach wie einen Ideenspeicher für Bildersprache. Blättern Sie durch Ihr Lexikon, lesen Sie sich fest, schmunzeln Sie und überlegen Sie dabei, welches Bild, welche Übertragung sich nun für Ihre Texte eignet ...

Wortwelten sind Ideenspeicher für Bildersprache.

Wortwelten geben Oberthemen vor ...

Ein Motto, ein Oberthema, ein griffiges Bild, um im Texteinstieg schnell zu vermitteln, worum es geht. Auch das leisten Wortwelten. So präsentierte der Oberbürgermeister des baden-württembergischen Ortes Horb am Ende einer Amtsperiode zur Wahl das „Horber Logbuch" und leitete es mit folgenden Worten ein:

Starke Bilder zeigen schnell, worum es geht.

„Auf Schiffen werden die wichtigsten Ereignisse und Stationen stichwortartig in einem Logbuch festgehalten. Auch eine Stadt muss ‚seetüchtig' sein, um nicht nur in ruhigen Zeiten zu bestehen, sondern genauso gut Stürme unbeschadet

Beispiel

überstehen zu können. Dabei kommt es auf eine qualifizierte und hoch motivierte Mannschaft an. Und das Team am Steuer muss das Ziel kennen und sich über den Kurs einig sein. "

Wie viel langweiliger wäre es gewesen, nur „Rechenschaftsbericht" darüber zu schreiben. Und wie spannend präsentiert sich diese Auflistung bürgermeisterlicher und städtischer Aktivitäten in der Wortwelt der Seefahrt. Mit all den Bildern, die schon in diesem kurzen ersten Absatz ausgelöst werden: Kurs halten, seetüchtig, die Mannschaft, Stürme überstehen ... kein Job für einen, der nur Buchhalter sein will!

Wortwelten machen Headlines stärker und führen an Themen heran

Starke Sprachbilder gehören nach vorn.

Brücken ins Unbekannte. Das haben Sie oben schon einmal gelesen. Natürlich gehören starke Bilder, die solche Brücken bauen, im Text weit nach vorn. In den Anschreiber, in eine Einleitung oder sofort in die werbliche Überschrift. Ob „Fels in der Brandung", „Premiere für den neuen Toyota" oder „Schlussverkauf geht in die letzte Runde": Hier werden Nutzen sehr schnell ins Bild gebracht und Leser aktiviert.

Wortwelten ergänzen Bilder

Holen Sie den Leser dort ab, wo er gedanklich gerade ist!

Verstärken Sie die Wirkung von Bildern durch die Sprache. Das hat manchmal einen ganz besonderen Reiz. Kostproben davon erhielten wir alle im Weltmeister-Sommer 2014. Da wurden Fußballmotive mit Fußballersprache gekoppelt: Wer neue Mitarbeiter suchte, schrieb „Kommen Sie ins Team", verwendete Begriffe wie „zusammenspielen" oder „Steilvorlage geben". In Segeljahren werden wir zu Fotografien maritimer Motive sprachlich „den Kurs halten", „auf den Wellen des Erfolgs segeln" oder „an Bord kommen". Wir werden alle „an einem Strang ziehen", während wir in Fußballjahren „im selben Team spielen".

Wortwelten runden Texte ab

Verwenden Sie Wortwelten sparsam. Aber wenn schon, dann verwenden Sie Wortwelten so, dass sie die größtmögliche Wirkung erreichen. Wer also mit den starken Bildern einer Wortwelt in seinen Text eingestiegen ist, sollte überlegen, ob er ein Bild dieser Wortwelt nicht auch im Ausstieg nutzen kann, um seinen Text abzurunden.

Praxistipp: Eine kleine Dosieranleitung

Wortwelten eignen sich ...

* für Anschreiber, Headlines und um an ein Thema heranzuführen,
* am Ende eines längeren Textes, um an Ihr Einstiegsbild derselben Wortwelt anzuschließen und so einen Beitrag abzurunden,
* um ein Oberthema abzustecken. So heißt zur Wahlzeit der Rechenschaftsbericht des Bürgermeisters „Logbuch" und greift das Thema Seefahrt in Einführung, Überschriften und dem ein oder anderen Anschreiber auf,
* als spannende Ergänzung zu den Bildern einer Broschüre oder eines Prospekts.

Praxistipp:
Wofür sich
Wortwelten eignen ...

Ihre Notizen:

....

....

Kapitel 2

Der menschliche Körper

„Wer hat beim Wahlkampf die Nase vorn?"

„Sensation: Kopfmensch entscheidet
aus dem Bauch heraus."

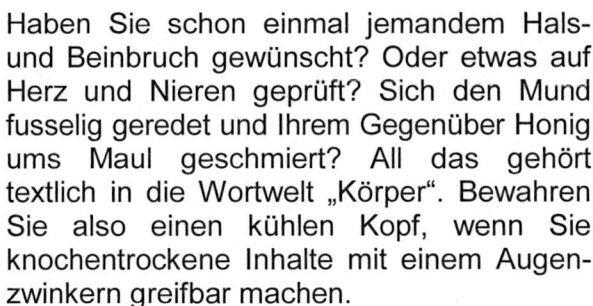

Zum Einstieg ...

Haben Sie schon einmal jemandem Hals-
und Beinbruch gewünscht? Oder etwas auf
Herz und Nieren geprüft? Sich den Mund
fusselig geredet und Ihrem Gegenüber Honig
ums Maul geschmiert? All das gehört
textlich in die Wortwelt „Körper". Bewahren
Sie also einen kühlen Kopf, wenn Sie
knochentrockene Inhalte mit einem Augenzwinkern greifbar machen.

Erklärung

Hören Sie auf Ihren Bauch!

Sie selbst haben es in der Hand, ob die Leser ein Auge auf Ihre Texte werfen. Zeigen Sie, dass Sie das Texten im Blut haben: Mit etwas Fingerspitzengefühl werden aus knochen-trockenen Inhalten Texte, die Ihren Lesern den Kopf verdrehen.

Tonlage

Nur allzu menschlich

So geben Sie Ihren Botschaften einen Körper.

Abstrakte Dinge erhalten in dieser Wortwelt einen Körper. Sie werden dadurch greifbar, realer und erhalten menschliche Züge. Ein Kontrollausschuss überprüft die Abteilung? „Den Mitarbeitern wird auf die Finger geschaut" macht eher deutlich, was Sache ist. Zustände, Charakterzüge und auch Aktionen lassen sich mit Begriffen des menschlichen Körpers besonders klar und bildhaft darstellen. Die Wortwelt Körper steht für eine sehr leicht verständliche Sprache. Damit bringen Sie alles schnell auf den Punkt. Der Leser spürt sozusagen am eigenen Leib, worum es geht.

Wenn die Körperschaft den Kopf verliert

Wörter aus der Welt des Körpers machen Inhalte „persönlich".

Ein Effekt der körperbetonten Sprache ist, dass sie sehr personalisierend wirkt. Gruppen werden in den Wortbildern zu einer Person. So kämpfen Konkurrenz-Unternehmen Kopf an Kopf – und eben nicht Köpfe an Köpfe. In dieser

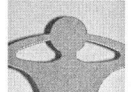

Wortwelt endet alles an genau einem Körper. Dies kann bestimmte Sachverhalte vereinfachen und sie klarer darstellen.

Beispiele aus Literatur und Presse

„Das Auge des Gesetzes wacht."
Schiller, Das Lied von der Glocke

„Unsere Meinungen: Die Haut, in der wir gesehen werden wollen."
Friedrich Nietzsche

Körperbilder in Texten sind keine Erfindung der Neuzeit. Schon Schiller oder Nietzsche nutzten sie.

„Wenn die Ankündigung schon so stark an die Nieren geht, muss der Film ja sagenhaft schaurig sein."

„Wir grüßen alle, die ihrer Genesung entgegenfiebern."

„Dem Kandidaten auf den Zahn fühlen und offene Fragen klären – das sind die wesentlichen Aspekte, warum zum Assessment-Center neben Tests und Übungen auch Gesprächselemente gehören."

Es „menschelt" auch in so manchem Fachmagazin. Wie zum Beispiel in der November-Ausgabe 2007 der „Insight".

Beispiele

DRUCKTECHNOLOGIE
Neuer Kristall macht Druckern Beine

Quelle: PC Magazin, 6/07, S. 8.

Mit Bauchgefühl und Dreistigkeit

Quelle: Insight, 11/07, S. 24.

Quelle: Insight, 5/07, S. 36.

Wörter und Wendungen

Bei diesen Wörtern brauchen Sie sich nicht die „Haare zu raufen".

Kopf: Mit dem Kopf durch die Wand, Kopf und Kragen riskieren, sich einen Kopf machen, Köpfe rollen, einen kühlen Kopf bewahren, Kopf an Kopf, Kopf der Mannschaft, etw. im Kopf haben, nur die Arbeit im Kopf haben, ein Dach über dem Kopf haben, der Fisch stinkt vom Kopf her, Flausen im Kopf haben, jmdm. fällt die Decke auf den Kopf, jmdn. vor den Kopf stoßen, sich etw. aus dem Kopf schlagen, sich etw. durch den Kopf gehen lassen, sich den Kopf zerbrechen, den Kopf hinhalten, etw. auf den Kopf stellen, jmdm. den Kopf waschen, jmdm. den Kopf verdrehen, den Kopf hängen lassen, etw. im Kopf behalten, von Kopf bis Fuß, jmdm. nicht aus dem Kopf gehen, den Kopf kosten, einen eigenen Kopf haben, etw. schießt jmdm. durch den Kopf, Kopf aus der Schlinge ziehen, jmdm. raucht der Kopf, vor den Kopf stoßen, Kopfschmerzen bereiten, den Kopf hoch tragen, sich auf den Kopf stellen, über jmds. Kopf hinweg, alles steht Kopf, Hals über Kopf, jmdm. etw. an den Kopf werfen, Dickkopf, Feuerkopf, Kopfmensch, Kindskopf, Hitzkopf

Haare: Haare auf den Zähnen haben, mit Haut und Haaren, sich die Haare raufen, sich aufs Haar gleichen, jmdm. stehen die Haare zu Berge, kein Haar krümmen, jmdm. sträuben sich die (Nacken-) Haare, sich in die Haare kriegen, um ein Haar / um Haaresbreite, ein Haar in der Suppe finden, jmdm. die

Wichtige Wendungen auf einen Blick:

Kopf

Kopf und Kragen riskieren	Köpfe rollen	einen kühlen Kopf bewahren
Kindskopf	Hitzkopf	vor den Kopf gestoßen
alles steht Kopf	Hals über Kopf	mit dem Kopf durch die Wand

Nerven

die Nerven behalten	die Nerven verlieren	Nerven wie Drahtseile haben

5 Sinne

im Auge behalten	jmdm. auf der Nase herumtanzen	der Gefahr ins Auge sehen

Haar

kein gutes Haar an jmdm. lassen	um ein Haar	eine Gelegenheit beim Schopfe packen

Mund, Nase, Lippen

einen Wunsch von den Lippen ablesen	an der Nase herumführen	jmdm. etw. in den Mund legen
den Mund zu voll nehmen	kein Blatt vor den Mund nehmen	sich an die eigene Nase fassen

Zähne

jmdm. auf den Zahn fühlen	sich die Zähne an etw. ausbeißen	die Zähne zusammen-beißen
Zähne zeigen	der Zahn der Zeit	einen Zahn zulegen

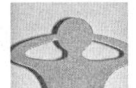

Haare vom Kopf fressen, an einem Haar hängen, Haare lassen (müssen), etw. an den Haaren herbeiziehen, eine Gelegenheit beim Schopfe packen, kein gutes Haar an jmdm. lassen, etw. ist zum Haare raufen, graue Haare wachsen lassen, keiner Fliege ein Haar krümmen

Nerven: Die Nerven behalten, Nerven wie Drahtseile haben, mit den Nerven am Ende sein, den Nerv der Zeit treffen, jmdm. auf die Nerven gehen, die Nerven verlieren, keinen Nerv für etw. haben, die Nerven liegen blank, Nervensäge,

Nervenstark durch den nächsten Text.

jmdm. auf die Finger klopfen, die Finger von etw. lassen, etw. zerrinnt zwischen den Fingern, sich an etw. die Finger verbrennen, lange Finger machen, keinen Finger krumm machen, etwas mit spitzen Fingern anfassen, Fingerzeig, Langfinger, Daumenregel, Fingerspitzengefühl

Hand: Jmdm. die Hand reichen, Hand in Hand, die Hände in den Schoß legen, in die Hände spucken, etw. im Handstreich erobern, mit einem Handschlag besiegeln, etw. in der Hand haben, etw. in der Hinter-

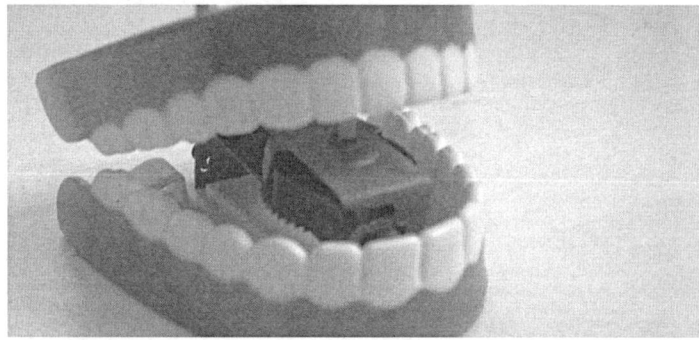

nervtötend, jmdm. den letzten Nerv rauben, Nerven zeigen, Nervenkrieg, Nervenbündel

Finger: Die Finger im Spiel haben, jmdm. auf den Nägeln brennen, jmdm. auf die Finger schauen, den Finger in die Wunde legen, es juckt in den Fingern, sich die Finger wund schreiben, sich etw. aus den Fingern saugen,

hand haben, im Handumdrehen, keinen Handschlag tun, etw. von der Hand weisen, aus zweiter Hand, die Hand über jmdn. halten, jmds. rechte Hand sein, etw. in die Hand nehmen, ein glückliches Händchen haben, etw. zur Hand haben, von langer Hand geplant, mit leichter Hand, jmdm. freie Hand lassen, seine Hand für jmdn. / etw. ins Feuer legen,

Hand aufs Herz, aus erster Hand, die Hand nicht vor den Augen sehen, um jmds. Hand anhalten, die Hand aufhalten, hinter vorgehaltener Hand, wie von Geisterhand, keine Hand rühren, etw. geht leicht von der Hand, die Fäden in der Hand halten, etw. hat Hand und Fuß, etw. liegt auf der Hand, jmdm. aus der Hand fressen, alle Trümpfe in der Hand haben, sich die Hände schmutzig machen, handfest, wie von Zauberhand, zwei linke Hände haben

Augen: Augenzwinkern, Augenschmaus, Augenweide, Augenmerk, Stielaugen machen, Augenmaß, etw. wie seinen Augapfel hüten, jmdm. / etw. ins Auge schauen, ins Auge fallen, auf jmdn. / etw. ein Auge werfen, ein Auge zudrücken, jmdm. schöne Augen machen, sich die Augen reiben, die Augen verdrehen, der Gefahr / den Dingen ins Auge sehen, schwarz vor Augen werden, etw. im Auge behalten, unter vier Augen, seinen Augen nicht trauen, mit eigenen Augen sehen, jmdm. nicht mehr unter die Augen treten können, die Augen für immer schließen, jmdm. die Augen öffnen, ein Auge für etw. haben, Augen machen, jmdn. / etw. aus den Augen verlieren, jmdm. etw. vor Augen führen, etw. mit an-

deren Augen sehen, das Auge des Gesetzes, wie die Faust aufs Auge, Dorn im Auge passen, sich / jmdm. etw. vor Augen halten / führen, auf Augenhöhe, mit einem blauen Auge davonkommen

Körper: Etw. geht ins Blut, etw. im Blut haben, blaues Blut, Blut geleckt haben, das Blut steigt zu Kopf, in Fleisch und Blut übergehen, das Blut kocht in den Adern, jmdm. aus der Seele sprechen, die Seele baumeln lassen, etwas liegt jmdm. auf der Seele, eine treue Seele, eine Seele von Mensch, Balsam für die Seele, sich die Seele aus dem Leib schreien, jmdm. den Bauch pinseln, mit Leib und Seele, Löcher in den Bauch fragen, aus dem Bauch heraus entscheiden, Schmetterlinge im Bauch, Waschbrettbauch, knochentrocken, Leibspeise

Mund: Einen Wunsch von den Lippen ablesen, mit offenem Mund dastehen, den Mund zu voll nehmen, jmdm. etw. in den Mund legen, nicht auf den Mund gefallen sein, kein Blatt vor

„Schau mir in die Augen, Kleines!"

Noch mehr Körper-Bilder.

den Mund nehmen, jmdm. über den Mund fahren, den Mund wässrig machen, jmdm. Honig ums Maul schmieren, jmdm. läuft das Wasser im Mund zusammen, sich den Mund fusselig reden, jmdm. an den Lippen hängen, sich das Maul über jmdn. zerreißen, da bleibt einem die Spucke weg

Nase: Etw. direkt vor der Nase haben, die Nase rümpfen, jmdm. etw. auf die Nase binden / unter die Nase reiben, jmdm. auf der Nase herumtanzen, jmdn. an der Nase herumführen, die Tür vor der Nase zuschlagen, die Nase zu tief ins Glas stecken, sich an die eigene Nase fassen, jmdm. etw. vor

der Nase wegschnappen, überall seine Nase hineinstecken, sich eine goldene Nase verdienen, den richtigen Riecher haben, immer der Nase nach, die Nase hoch

tragen, die Nase vorn haben, Naseweis, hochnäsig

Zähne: Einen Zahn zulegen, die Zähne zusammenbeißen, sich die Zähne an etw. ausbeißen, der Zahn der Zeit, etw. / jmdm. auf den Zahn fühlen, Zähne zeigen, bis an die Zähne bewaffnet

Magen: Etw. schlägt jmdm. auf den Magen, sich den Magen vollschlagen, jmdm. dreht sich der Magen um, der Magen knurrt, etw. liegt wie Blei im Magen, jmdm. schnürt sich der Magen zusammen

Herz: Jmdm. blutet das Herz, ein Herz aus Gold haben, das Herz zerreißen, ein Herz brechen, sein Herz verschenken, ein Herz aus Stein haben, jmdm. sein Herz ausschütten, das Herz schlägt bis zum Hals, das Herz am rechten Fleck haben, etw. auf Herz und Nieren prüfen, jmdm. ans Herz wachsen, jmdm. etw. ans Herz legen, es wird einem warm ums Herz, ein Herz für etw. haben, das Herz höher schlagen lassen, jmdm. bleibt das Herz stehen, das Herz rutscht in die Hose, etw. nicht übers Herz bringen, ein Herz und eine Seele sein, etw. auf dem Herzen haben, etw. geht ans Herz

Andere Organe: Frei von der Leber weg, jmdm. ist

eine Laus über die Leber gelaufen, etw. geht an die Nieren

Hals, Schulter, Rücken: Aus vollem Hals, etw. kostet jmdn. den Hals, Hals über Kopf, einen Frosch im Hals haben, etw. vom Hals halten / haben, das Wasser steht bis zum Hals, sich etw. vom Hals schaffen, etw. in den falschen Hals kriegen, etw. hängt jmdm. zum Hals heraus, einen dicken Hals bekommen, einen langen Hals machen, Wendehals, halsstarrig, jmdm. die kalte Schulter zeigen, etw. auf die leichte Schulter nehmen, ohne Rückgrat, starkes Rückgrat, mit dem Rücken zur Wand stehen, den Rücken freihaben / freihalten, jmdm. den Rücken stärken, jmdm. in den Rücken fallen, etw. /jmdm. den Rücken zukehren, sich den Rücken krumm machen

Gliedmaßen: Jmdn. auf den Arm nehmen, Hals- und Beinbruch wünschen, in die Knie zwingen, die Ellenbogen ausfahren, sich die Beine in den Bauch stehen, jmdm. ein Bein stellen, mit dem linken Bein / mit dem falschen Fuß aufgestanden sein, mit einem Bein in etw. stehen, einen Klotz am Bein haben, sich kein Bein ausreißen, weiche Knie bekommen, übers Knie legen, Ellenbogen-Gesellschaft, bein-

hart, auf jmdn. stehen, etw. auf die Beine stellen, jmdm. unter die Arme greifen, die Beine / Füße unter den Arm / in die Hand nehmen, auf großem Fuß leben

Schreiben Sie jetzt einfach frei von der Leber weg einen Text mit Sprachbildern dieser Wortwelt.

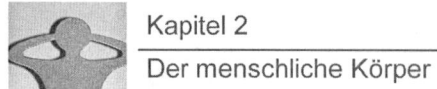
Wer auf großem Fuß lebt, hat nicht unbedingt große Füße

Warum sagt man „auf großem Fuß leben"?

Die Redensart „auf großem Fuß leben" meint die Art und Weise bzw. in welchen Verhältnissen jemand lebt. Und es gibt sie nicht nur im Deutschen. Die Franzosen sagen zum Beispiel „vivre sur un grand pied".

Wie so viele Redewendungen stammt auch „auf großem Fuß leben" aus dem Mittelalter. Da es im 14. Jahrhundert unter Adeligen „in" war, lange, spitze Schuhe zu tragen, galt die Größe der Schuhe als Maßstab für Eleganz, Ansehen und Macht eines Menschen. Je länger der Schuh, desto höher der gesellschaftliche Rang. Es gab regelrechte Maßeinheiten: Der Schuh eines Fürsten war 2,5 Fuß lang, der eines hohen Barons 2 Fuß, der eines Ritters nur noch 1,5 Fuß.

Wer also auf „großem Fuß" bzw. „großem Schuh" lebte, gehörte eindeutig zu den Reichen und konnte sich einen hohen Lebensstandard leisten.

Ihre Notizen:

....

....

Kapitel 3

Nadel, Faden und Werkstatt

„Machtmissbrauch zieht sich wie ein roter Faden
durch die Geschichte."

„Mit der Umsatzrendite von 9,7 Prozent ist Agfa auf
Tuchfühlung mit der angestrebten zweistelligen
Umsatzrendite gekommen."

„Patienten, die sich vom einmaligen Modellvorhaben
rasche Hilfe erhofften, wurden bislang enttäuscht:
Das Projekt scheint mit heißer Nadel gestrickt."

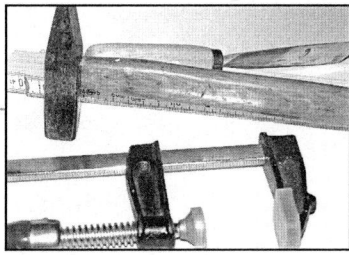

Zum Einstieg …

Verflixt und zugenäht! Das hat bestimmt jeder
schon einmal gedacht. Damit befinden wir
uns auch schon mitten in einer Wortwelt, die
Sie mit Begriffen des Nähens, Strickens und
Handwerkens auf Tuchfühlung bringt. Wie
Sie diese Wendungen geschickt in Ihre Texte
einfädeln, erfahren Sie auf den nächsten
Seiten – garantiert ohne Haken und Ösen.

Erklärung

Von Nahtstellen und Konjunkturschrauben

Mal dezent anschaulich, mal handfest und voller Tatendrang: die Wortwelt „Nadel, Faden und Werkstatt".

Fast so alt wie das Handwerk selbst ist auch die Wortwelt „Faden, Nadel und Werkstatt". Mittlerweile ist das Netz der Handwerks-Metaphern dicht gesponnen und fest mit unserem Sprachgebrauch verwoben. Oft denken wir gar nicht mehr daran, dass ein „nahtloser Übergang" auch eine zweite, ganz wörtliche Bedeutung haben kann. Auch Konjunkturschrauben oder Nahtstellen hielten längst Einzug in Wirtschafts-Nachrichten und Co.

Tonlage

Ärmel hochkrempeln und loslegen

Auch Ihre Texte vertragen „Werkstatt-Atmosphäre".

Wendungen aus der Wortwelt „Faden, Nadel und Werkstatt" haben sehr unterschiedliche Tonlagen. Die Bereiche Stricken und Nähen wirken sehr anschaulich. Sie zeigen im weitesten Sinne Verbindungen auch unterschiedlichster Elemente an. Oft wird die Redewendung gar nicht bewusst als solche wahrgenommen. Oder denken Sie bei dem sprichwörtlichen roten Faden tatsächlich an ein rotes Garn? Wendungen aus dem Werkstatt-Milieu dagegen wirken handfest und stecken voller Tatendrang. Wenn die Schrauben fester angezogen werden, klingt das nach Ärmel hochkrempeln und loslegen.

Beispiele aus Literatur und Presse

Die Axt im Haus zu haben, hat schon Schiller empfohlen.

„Die Axt im Haus erspart den Zimmermann."
Schiller, Wilhelm Tell

„(...) eine schöne, seidne Stimme, ein süßes Gespinst der

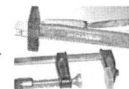

sonnigsten Töne, und meine Seele ward darin verstrickt
(…).“
Heinrich Heine, Ideen – das Buch Le Grand

Beispiele

„Das Buch ist die Axt für das gefrorene Meer in uns.“
Franz Kafka

Quelle: Bild München,
19.11.07, S. 6.

Haie gehen den Panthern ins Netz

rainerdebüt Larry Mitchell feiert mit dem 3:0-Sieg gestern Abend gegen den Tabellen-Dr
.... Finstand als neuer Augsburger Trainer.

Nein, hier geht es nicht um eine tierische Verfolgungsjagd im Zoo, sondern um Eishockey. Das
Team der Augsburger Panther hat gegen das Team
der Kölner Haie gewonnen. Zugegeben: Etwas
schief ist das Bild schon. Oder haben Sie schon
einmal gehört, dass Panther mit Netzen auf die
Jagd gehen? Gemeint ist hier wohl das Netz im
Tor.

Quelle: Augsburger
Allgemeine, 15.12.07, S. 17.

Quelle: Insight, 10/07, S. 10.

Quelle:
Handelsblatt, 18.06.07, S. 6.

Wörter und Wendungen

Ein nahtloser Übergang zum Lexikonteil – voller Wendungen aus Werkstatt und Handwerk.

Stricken: Eine Masche haben, die neueste Masche, einfach gestrickt sein, sich in etwas verstricken, mit heißer Nadel gestrickt, ein Strickmuster entdecken

Nähen: Mit Haken und Ösen, aus dem Schneider sein, verflixt und zugenäht, nahtloser Übergang, ein dichtes Netz aus …, ein Netz spinnen, fest mit etw. verwoben sein, doppelt genäht hält besser, aus allen Nähten platzen, aus dem Nähkästchen plaudern, etw. einfädeln, etw. zusammenflicken, Nahtstelle, etw. ist Flickwerk

Faden: Fadenscheinig, Ariadnefaden, Seemannsgarn, jmdn. umgarnen, roter Faden, den Faden verlieren, mir reißt der Geduldsfaden, nach Strich und Faden, den Faden wieder aufnehmen, am seidenen Faden hängen, die Fäden ziehen, versponnen sein, verfilzte Strukturen, auf Tuchfühlung gehen, etw. ist ein rotes Tuch für jmdn.

Nadel: Sticheleien, mit heißer Nadel gestrickt, die Nadel im Heuhaufen suchen, eine Nadel fallen hören, wie auf Nadeln sitzen, durch das Nadelöhr

In der Werkstatt: Unter den Hammer kommen, zwischen Amboss und Hammer geraten, jmdm. etw. einhämmern, hammerhart, behämmert, jmdm. Zeigen, wo der Hammer hängt, ungehobelter Klotz, die Schrauben fester anziehen, an der

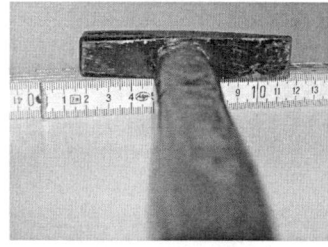

Konjunkturschraube drehen, sein Handwerk verstehen, jmdm. ins Handwerk pfuschen, jmdm. das Handwerk legen, eine Schraube locker haben, Daumenschrauben ansetzen, Dünnbrettbohrer, Schreckschraube, Pläne schmieden, etw. aufmöbeln

Wichtige Wendungen auf einen Blick:

Stricken

die neueste Masche	einfach gestrickt sein	sich in etw. verstricken
ein Strickmuster entdecken	mit heißer Nadel gestrickt	eine Masche haben
die Nadel im Heuhaufen	eine Nadel fallen hören	wie auf Nadeln sitzen
Nadelöhr	Sticheleien	Nahtstelle
doppelt genäht hält besser		

Schön eingefädelt

der rote Faden	etwas einfädeln	nach Strich und Faden
die Fäden ziehen	am seidenen Faden hängen	der Geduldsfaden
aus allen Nähten platzen	aus dem Nähkästchen plaudern	den Faden wieder aufnehmen
den Faden verlieren	ein Netz aus ...	auf Tuchfühlung gehen

„Fadenscheinige" Verben

etw. zusammenflicken	mit etw. verwoben sein	jmdn. umgarnen

In der Werkstatt

einhämmern	jmdm. ins Handwerk pfuschen	sein Handwerk verstehen
die Schrauben fester anziehen	an der Konjunkturschraube drehen	Daumenschrauben ansetzen
hammerhart	etwas aufmöbeln	Pläne schmieden
Schreckschraube	behämmert sein	etw. kommt unter den Hammer
etw. hat einen Haken	jmd. ist ein ungehobelter Klotz	jmdm. zeigen, wo der Hammer hängt

Persönliches aus dem Schatzkästchen

Warum plaudert man
„aus dem Nähkästchen"?

Wenn jemand aus dem Nähkästchen plaudert, findet er schnell Gehör. Denn dann gibt er spannende Dinge aus seinem Privatleben wieder.

Um den neuesten Klatsch auszutauschen, trafen sich früher vornehme Damen in einem gediegenen Umfeld zum Nähen. Das Nähkästchen für die Strick- und Häkelutensilien war immer dabei. Eine gelegentliche Zweckentfremdung kam daher ganz gelegen: Da ein Mann nie in ein Nähkästchen schauen würde, galt es als ideales Versteck für geheimnisvolle (Liebes-)Briefe und persönliche Schätze. Bereits Theodor Fontanes Romanfigur Effi Briest griff auf diesen Trick zurück. Sie versteckte dort die Briefe ihres heimlichen Liebhabers. Das Nähkästchen ist so zum Symbol für alles Persönliche und Private geworden.

Praxistipp Nadel, Faden und Werkstatt

Praxistipp:
Wichtig, wenn
Sie mit dieser
Wortwelt Ihre Texte
aufmöbeln.

Natürlich kann man nicht nur in der Textilbranche auf Tuchfühlung gehen. Die Wortwelt „Nadel, Faden und Werkstatt" passt zu vielen Themen. Überall dort, wo etwas sprichwörtlich miteinander verwoben wird oder sich ein roter Faden findet, können die Handwerks-Wörter sehr gut verwendet werden. Sie verbinden oder machen Texte „handfest". Aber übertreiben Sie nicht. Sonst geht der positive Effekt verloren. Gerade wenn etwas geschraubt wirkt oder dem Leser eingehämmert wird, kann der Text sogar aggressiv wirken.

Gerade diese Wortwelt ist besonders geeignet, um etwa komplizierte technische Prozesse (be-)greifbar zu machen.

Kapitel 4

Farben und Malen

„Schwarzmarkt sieht rot."

„Mitten im grauen Fußball-Alltag feiert die Bundesliga ein Fest."

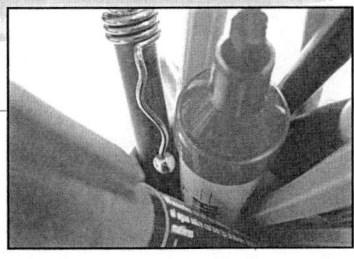

Zum Einstieg ...

Wenn Sie im Text die Welt durch die rosa Brille sehen, einfach mal blaumachen und den grauen Alltag verlassen, dann nutzen Sie die Wortwelt der Farben und der Malerei. Malerische Wortlandschaften erwarten Sie hier mit den schönsten Schattierungen und Mustern. Bekennen Sie also auch in Ihren Texten Farbe.

Erklärung

Kräftige Farben für Ihren Text

Jetzt wird es bunt mit der Wortwelt „Farben und Malen".

Diese Wortwelt bringt Farbe in Ihre Sätze, denn mit ihr können Sie düstere Bilder zeichnen oder helle Stimmungen hervorrufen. Zusätzlich umgibt diese Wortwelt ein Hauch von Kunst. Verpassen Sie Ihrem Text also ein paar Farbtupfer und tun Sie etwas gegen den grauen Alltag Ihrer Leser. Doch passen Sie auf, dass Ihr Text nicht allzu gekünstelt wirkt.

Tonlage

Wortbilder malen

In dieser Wortwelt sind die Wörter Ihr Malkasten.

Wenn Sie einen Text mit dieser Farbpalette bearbeiten, ändert sich der Hintergrund Ihres Textes. Sie erzeugen eine Atmosphäre, eine Stimmung. Die Wahl der Farbe beeinflusst dabei die Aussage des Bildes. Ob dunkel oder  hell gibt dem Bild eine ganz andere Bedeutung. In der Wortmalerei sind die Worte Ihre Farbtöne. Und genau wie beim Malen passen manche Farben und Wörter nicht gut zusammen, während andere perfekt miteinander harmonieren.

Rot wie die Liebe?

Auch für Texte gilt: Manche Farben passen einfach nicht zusammen.

Farben sind mit Vorsicht zu genießen – denn sie wecken zum Teil sehr unterschiedliche Emotionen und Assoziationen beim Leser. Ein Beispiel: Viele Menschen verbinden mit der Farbe Rot Begriffe wie Liebe und Leidenschaft. Für andere wiederum ist die Farbe aber wortwörtlich ein rotes Tuch. Wenn sie rotsehen, denken sie an Blut, Wut und Zorn. Auch zwischen den Kulturkreisen bestehen Unterschiede in der Bedeutung von Farben. In Japan beispielsweise ist weiße Kleidung ein Ausdruck von Trauer.

Beispiele aus Literatur und Presse

„Nun gehn die grau'sten Wege in das Grün hinein, die
Winterwolke drückt nicht mehr die Fenster ein, des Him-
mels blaue Blume grüßt herein."
Max Dauthendey

Poetisch, aber
nicht immer geeignet
für den Gebrauchstext:
Beispiele aus der Lite-
ratur.

„Zu diesem kam auch Justus, des Doktor Fausts und der
schönen Helena Sohn, der selbst ein bildschöner Mensch
war."
Gustav Schwab

Beispiele

„Blutrot über grauen Weiden schwimmt der Mond."
Arno Holz

Grüne Welle

Hollywood ist Biowood! Accessoires, Kleider oder Reisen –
...les wird ...lt dem Gutes-...wissen-Siegel versehen

Quelle: InStyle, Oktober
2007, S. 214.

Bekennen
Sie Farbe!
VON WEGEN WEISSE WEIHNACHTEN:
IN DIESEM WINTER GEBEN BUNTE
ACCESSOIRES DEN TON AN!

Quelle:
Cosmopolitan, Dezember
2007, S. 147.

...t, die andere H... ...

SCHWARZE MAGIE ZUR
BLAUEN STUNDE

Quelle:
Cosmopolitan, Dezember
2007, S. 228.

Quelle: Der Spiegel,
50/2007, S. 58.

AUSLÄNDER

Weiße Weste für die Parallelwelt

Wörter und Wendungen

Entdecken Sie die ganze Farbpalette in Ihrem Lexikon.

Farbspielereien

Rot: Rotsehen, ein rotes Tuch, etw. durch die rosa Brille sehen, knallrot werden, den roten Teppich ausrollen, die rote Liste, etw. rot anstreichen, der rote Faden, blutrot, rote Zahlen schreiben

Grau: Grau in grau, grauer Alltag, nachts sind alle Katzen grau, graue Eminenz, eine graue Maus, graue Theorie, die grauen Zellen

Blau: Blaumachen, blau sein, ins Blaue hinein, das Blaue vom Himmel versprechen, ins Blaue fahren, blaues Blut haben, sein blaues Wunder erleben, mit einem blauen Auge davonkommen, blauer Dunst, blauäugig, einen blauen Brief bekommen

Gelb: Gelb vor Neid sein, das Gelbe vom Ei, gelber Engel

Schwarz-weiß: Schwarz-Weiß-Denken, schwarz auf weiß, schwarzsehen, schwarzmalen, schwarzarbeiten, schwarzfahren, Schwarzmarkt, Schwarzmalerei, warten, bis man schwarz wird, Dunkelziffer, eine weiße Weste haben, sich weißwaschen, sich reinwaschen, jmdn. zur Weißglut treiben, blass bleiben, keinen blassen Schimmer haben

Grün: Grün vor Neid sein, mit etw. oder jmdm. nicht grün sein, jmdn. grün und blau schlagen, grünes Licht geben / haben, auf keinen grünen Zweig kommen, grüne Neune, im grünen Bereich sein, grünes Licht haben, grünes Licht geben, einen grünen Daumen haben, grüne Welle, Grünschnabel, dasselbe in Grün, grün hinter den Ohren sein

Farbkleckse: Farbe bekennen, Farbe ins Spiel bringen,

etw. in den dunkelsten / leuchtendsten Farben malen

Zeichnen und Malen: Etw. hat sich abgezeichnet, gezeichnet sein von etw., einen Schlussstrich ziehen, etwas ausradieren, etw. unterstreichen, den Teufel an die Wand malen, dick auftragen, Abstriche machen, sich ein Bild von etw. machen, sich etw. in den schönsten Farben ausmalen,

Wichtige Wendungen auf einen Blick:

Zeichnen

| einen Schlussstrich ziehen | etw. unterstreichen | von etw. gezeichnet sein |

Malen

| bauchpinseln | malerisch | in den schönsten Farben ausmalen |

Bildhaft

bildhübsch	wie aus dem Bilderbuch	auf der Bildfläche erscheinen
jmdn. ins Bild setzen	ein gutes Bild abgeben	gezeichnet sein von etw.
sich ein Bild von etw. machen	im Bilde sein	

Farbspielereien

dick auftragen	grünes Licht geben	ein rotes Tuch
Farbe bekennen	eine weiße Weste haben	im grünen Bereich
ins Blaue hinein	Farbe ins Spiel bringen	der rote Faden
graue Theorie	die grauen Zellen	das Gelbe vom Ei
sein blaues Wunder erleben		

Farbkleckse

Facetten	Muster	Dunkelziffer
Schwarzmarkt	Schwarzmalerei	blauäugig
Palette	blutrot	blaumachen

von etw. gezeichnet sein, etw. geht jmdm. gegen den Strich, ein Strich in der Landschaft sein, bauchpinseln, ein gutes Bild abgeben, von der Bildfläche verschwinden, auf der Bildfläche erscheinen, ein Bild von etw. sein, im Bilde sein, jmdn. ins Bild setzen, vordergründig, hintergründig, Palette, bildschön, bildhübsch, Bilderbuch-Beispiel, wie aus dem Bilderbuch, Einfaltspinsel

Kurioses aus der Welt der Farben

Warum sagt man eigentlich „das ist dasselbe in Grün"?

Woher stammt die Redensart „dasselbe in Grün sein"?

Die Redensart meint, dass zwei Dinge auf den ersten Blick identisch sind und sich kaum voneinander unterscheiden lassen. Aber warum grün? Wir haben einmal recherchiert und eine sehr überraschende Erklärung gefunden: Der Ausdruck kommt überhaupt nicht, wie es zunächst scheint, aus der Malerei.

Vielmehr stammt er aus der Frühzeit der Automobilbranche, als Opel 1924 den Kleinwagen „Laubfrosch" produzierte. Wie der Name auch vermuten lässt, war dieses Auto grün. Allerdings war dieses Fahrzeug nichts Neues auf dem Markt, sondern eher eine Kopie des französischen Citröen 5CV, der bereits 1921 vom Band lief. Nur war dieser gelb und der Opel eben nur „dasselbe in Grün".

Kapitel 5

Militär

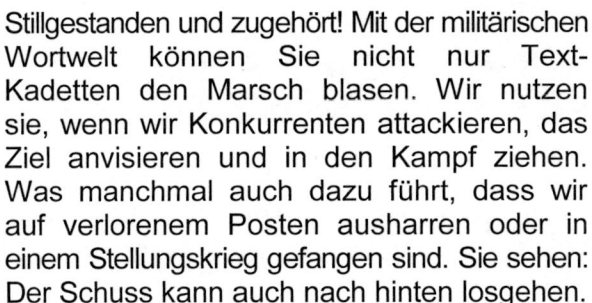

„Konzernchef unter Beschuss."

„Bundesregierung verpulvert Steuermillionen."

Zum Einstieg …

Stillgestanden und zugehört! Mit der militärischen Wortwelt können Sie nicht nur Text-Kadetten den Marsch blasen. Wir nutzen sie, wenn wir Konkurrenten attackieren, das Ziel anvisieren und in den Kampf ziehen. Was manchmal auch dazu führt, dass wir auf verlorenem Posten ausharren oder in einem Stellungskrieg gefangen sind. Sie sehen: Der Schuss kann auch nach hinten losgehen.

Erklärung

Hier wird scharf geschossen ...

Eine „angriffslustige" Wortwelt.

Eine scharfe Waffe ist die Wortwelt rund um das Militär. Denn mit dieser Wortwelt geben Sie mehr als nur einen Warnschuss ab. Ob Sie nun eine Marschrichtung vorgeben, verbal zum Angriff blasen, oder mit scharfen Worten auf Ihre Konkurrenz losgehen: Die folgenden Seiten geben Ihnen einen kleinen Einblick in diese ebenso bombastische wie gefährliche Wortwelt. Egal, welche Geschütze Sie nun auffahren: Behalten Sie dabei stets Ihre Aussage im Visier!

Tonlage

Texte mit Kampfgeist

Hier ist größte Vorsicht geboten. Ein Text wirkt schnell aggressiv und schießt dann am Ziel vorbei oder über das Ziel hinaus.

Alle Mann in Deckung! Wenn Sie sich an diese Wortwelt wagen, müssen Sie eines bedenken: Sie sitzen auf einem Pulverfass. Das bedeutet: Begriffe aus dem Militär wirken

schnell sehr aggressiv auf Ihren Leser, auch wenn Sie „nur" ein Ziel anvisieren, mit Argumenten um sich schlagen oder in Deckung gehen. Auf der anderen Seite können Sie mit Wendungen und Wörtern aus dem Militär Ihrem Text viel Elan und Kampfgeist verleihen.

Beispiele aus Literatur und Presse

„Der geschickte Journalist hat eine Waffe: das Totschweigen – und von dieser Waffe macht er oft genug Gebrauch."
Kurt Tucholsky

„Energieausweis: Schon mal auf Vorrat bunkern?"
Süddeutsche Zeitung

„US-Bankenaufsicht: Warnschuss für die Deutsche Bank."
Spiegel Online

„Im Fadenkreuz der EU: Die Brüsseler Kommission prüft, ob ARD und ZDF ihre Gebühren sauber verwenden. Die Sender haben keine gute Antwort darauf."
Die Zeit

So klingt die Wortwelt „Militär" in der Praxis.

Beispiele

Pistole an der Schläfe
RTL und RTL 2 wehren sich gegen Oettinge

Quelle:
Süddeutsche Zeitung,
12./13.01.08, S. 21.

Klingt wie aus dem Polizeibericht, ist aber bildlich gemeint.

Mehr Wumms für Ihr Tagesgeld!

Quelle: Werbebrief von Cortal Consors, 13.12.07.

Deckung hinter Statuten
Im deutschen Milram-Team ist für Kronzeugen kein Platz

Quelle: Süddeutsche Zeitung, 11.01.08, S. 29.

Wörter und Wendungen

In Deckung! Hier kommen die Wörter und Wendungen aus dem Militär.

Scharfe Waffen: Etw. ist zum Schießen, unter Beschuss geraten, jmdn. unter Beschuss nehmen, mit Vorwürfen bombardieren, jmdn. abschießen, seine eigenen

Waffen einsetzen, die Waffen der Frauen, (nicht) die Flinte ins Korn werfen, Munition verschossen, Warnschuss abgeben, auf der Abschussliste stehen, hochexplosives Material, Schuss geht nach hinten los, die Bombe zünden, die Bombe platzen lassen, jmdn. mit etw. torpedieren, hieb- und stichfest, jmdn. mit den eigenen Waffen schlagen, in die Höhe schießen, jmdm. eine schießen, ins Kraut schießen, mit Kanonen auf Spatzen schießen, aus der Hüfte schießen, einen Bock schießen, jmdn. in den Wind schießen, etw. schießt durch den Kopf, jmdn. auf den Mond schießen, gut in Schuss sein, Schuss in den Ofen, weit weg / weit ab vom Schuss, jmdn. aus der Schusslinie nehmen, in die

Schusslinie geraten, etw. in Schuss halten, Schuss ins Schwarze, außer Schussweite sein, wie eine Bombe einschlagen, schweres Geschütz auffahren, jmdm. Schützenhilfe leisten, etw. verpulvern, keinen Schuss Pulver wert sein, wie aus der Pistole geschossen, die Pistole auf die Brust setzen, unter aller Kanone, jmdn. über den Haufen schießen

Vorwärts marsch! Eine Armee von ..., in Reih und Glied, im Gleichschritt, den Marschbefehl geben, jmdn. in die Parade fahren, die Marschrichtung vorgeben, aus der Reihe tanzen, jmdm. den Marsch blasen, auf dem Vormarsch sein, eine Glanzparade hinlegen, Paradebeispiel, Durchhalteparolen, jmdn. in Marsch setzen, im Anmarsch sein

In Deckung gehen: Hinter etw. verschanzen, etw. bunkern, zum Rückzug zwingen, das Feld räumen, jmdm. das Feld überlassen, die Waffen strecken, volle Deckung, Rückendeckung haben, sein Pulver verschossen haben, einkesseln, sein Pulver trocken halten

Kampfbereit und gefährlich: Um jmdn. kämpfen, gegen Windmühlen kämpfen,

Wichtige Wendungen auf einen Blick:

Unter Beschuss

jmdn. unter Beschuss nehmen	mit Vorwürfen bombardieren	jmdn. abschießen
mit den eigenen Waffen schlagen	Munition verschießen	einen Warnschuss abgeben
auf der Abschussliste stehen	der Schuss geht nach hinten los	die Bombe platzen lassen
weit weg vom Schuss	in die Schusslinie geraten	außer Schussweite
einschlagen wie eine Bombe	schweres Geschütz auffahren	etw. verpulvern

Vorwärts, marsch!

eine Armee von ...	im Gleichschritt	den Marschbefehl geben
die Marschrichtung vorgeben	auf dem Vormarsch	

In Deckung gehen

sich hinter etw. verschanzen	jmdm. das Feld überlassen	Rückendeckung geben
das Feld räumen		

Kampfbereit

um etw. / jmdn. kämpfen	etw. in Angriff nehmen	im Visier haben
eine Großoffensive starten	in neue Märkte vorstoßen	jmdn. aus dem Feld schlagen
jmdm. den Kampf ansagen	ein Argument erschlagen	im Fadenkreuz
Strategie	Volltreffer	Durchhalteparolen
Abschusskandidat		

So ziehen Sie gegen die Konkurrenz ins Feld. Aber Vorsicht: Wenn sich die Fronten verhärten und zurückgeschossen wird.

auf verlorenem Posten kämpfen, Gräben aufreißen, etw. in Angriff nehmen, Stellung beziehen, Stellung halten, im Visier (der Anklage), ins Visier geraten, mit offenem Visier kämpfen, jmdn. im Visier haben, (sich) Grabenkämpfe liefern, Großoffensive starten, volle Attacke, die Nächte um die Ohren schlagen, in neue Märkte vorstoßen, jmdn. aus dem Feld schlagen, das Feld beherrschen, etw. ins Feld führen, gegen jmdn. zu Felde ziehen, das Feld behaupten, ein neues Feld besetzen, jmdm. das Feld streitig machen, das Feld räumen, jmdm. das Feld überlassen, das Visier herunterlassen, aussehen wie auf dem Schlachtfeld, jmdm. / etw. den Kampf ansagen, aufs Korn nehmen, ein Argument erschlagen, Totschlagargument, Killerphrase, Strategie, gegen jmdn. Front machen, Schießbudenfigur, im Fadenkreuz, mit dem Feuer spielen, Öl ins Feuer gießen, zwischen zwei Feuer geraten, Lunte riechen, die Lunte ans Pulverfass legen, auf der Abschussliste stehen, für jmdn. durchs Feuer gehen, an vorderster Front, die Fronten verhärten sich, auf einem Pulverfass sitzen, der Funke im Pulverfass, Volltreffer, bombensicher, Bombenerfolg, Bombengeschäft, ABC-Schützen, Abschusskandidat, bombig

Eine 08/15-Redewendung

Warum sagt man „08/15"?

08/15-Schuhe, 08/15-Papier, 08/15-Essen: Wenn etwas so gewöhnlich ist, dass es langweilt, sagen viele: „Das ist ja 08/15." 08/15 ließe sich ganz einfach mit „stinknormal" übersetzen.

Im Ersten Weltkrieg wurde der Begriff allerdings ganz anders assoziiert. Dort war das im Jahre 1908 entwickelte Maschinengewehr LMG 08/15 eng mit militärischem Drill verbunden. Soldaten mussten alle Einzelteile des Gewehrs bis zum Überdruss auswendig lernen und im Schlaf herunterbeten können. So war LMG 08/15 nicht nur das Standardgewehr des Ersten Weltkrieges, sondern wurde im Zweiten Weltkrieg auch zum geflügelten Wort für etwas Überdrüssiges oder für veraltete Massenware. Schließlich verbreitete sich der Begriff in den 50er Jahren wesentlich

durch die Romantrilogie „08/15" von Hans Helmut Kirst. Er schildert darin das Leben eines jungen Wehrmachtssoldaten während des Krieges und im Nachkriegsdeutschland. Der Ausdruck hielt Einzug in den alltäglichen Sprachgebrauch, so dass wir heute gar nicht mehr über diese 08/15-Redewendung nachdenken.

Praxistipp Militär

Wenn Sie angriffslustig erscheinen wollen, dann sind Sie in dieser Wortwelt natürlich genau richtig. Bestens geeignet also, wenn sich Ihre Botschaft an einen Konkurrenten richtet: Zeigen Sie sich dann ruhig kampfbereit. Sprechen Sie aber Ihre Kunden an, überlassen Sie das Feld besser anderen Wortwelten. Denn Begriffe aus dem Militär setzen Ihren Leser unter Druck und das ist schlecht für jede Art von Werbung oder freundliche Korrespondenz.

Praxistipp: Nicht für jedes Ziel geeignet.

Ihre Notizen:

....

....

Kapitel 6

Musik

„Ein weiterer Monat ging sang- und klanglos vorüber."

„Müller gab den Ton an. Allerdings warnten auch leise Stimmen, er habe von Tuten und Blasen keine Ahnung."

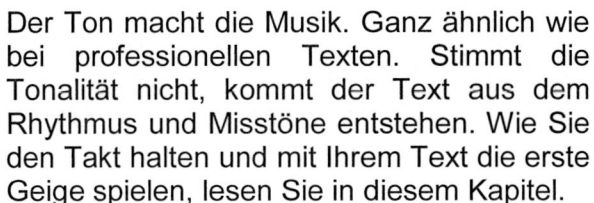

Zum Einstieg …

Der Ton macht die Musik. Ganz ähnlich wie bei professionellen Texten. Stimmt die Tonalität nicht, kommt der Text aus dem Rhythmus und Misstöne entstehen. Wie Sie den Takt halten und mit Ihrem Text die erste Geige spielen, lesen Sie in diesem Kapitel.

Erklärung

Hier spielt die Musik!

Mit dieser Wortwelt klingen Produkte und Dienstleistungen besonders gut.

Jetzt können Sie große Töne spucken! Allgemein hat die Wortwelt der Musik zwei Arten von Tonalitäten: verstimmt oder harmonisch. Sie können jemandem den Marsch blasen oder ihn in den höchsten Tönen loben. Sie können aus dem letzten Loch pfeifen oder die erste Geige spielen. Doch was immer Sie auch in dieser Wortwelt tun: Wörter und Wendungen aus der Wortwelt Musik verleihen Ihren Texten einen ganz besonderen Klang.

Tonlage

Richtig dirigieren!

Zwischen taktlos und taktvoll liegen nur wenige Buchstaben. Achten Sie darauf, dass Ihr Text harmonisch klingt.

Wie bei einem Orchester müssen hier viele wohlklingende

Sprachbilder in Einklang gebracht werden. Ihr Ziel: ein harmonischer Gesamteindruck. Auch wenn Redewendungen für sich allein wirken – im Zusammenspiel entstehen schnell Misstöne. Zwischen „die erste Geige spielen" und etwas „vergeigen" liegen oft nur wenige Worte.

Beispiele aus Literatur und Presse

„Es war taktlos, von diesen Dingen zu sprechen, aber das ist mein Unglück, ich bin zuweilen, taktlos, und jetzt bin

ich sehr aufgeregt …"
Eduard von Keyserling, Am Südhang

„Ich muss den Saiten meines Gemütes jeden Tag einige Stunden Ruhe gönnen und sie dadurch gleichsam immer wieder aufziehen, damit sie den rechten Ton und Anklang behalten …"
Willibald Alexis, Ruhe ist die erste Bürgerpflicht

Beispiele

„Ich musste andere Saiten aufziehen."
Albert von Chamisso, Peter Schlemihls wundersame Geschichte

Handball-Europacup
Der Klang der Niederlage
Als erstes deutsch... ... in der

Quelle:
Sueddeutsche.de, 14.01.08,
www.sueddeutsche.de/sport/
weitere/artikel/370/104266/

CDU-Wahlkampf
Hart in der Sache, weicher im Ton
...r Weichzeichner gehört in diesen Tagen zum Hand...
...lkampf um die ric...

Quelle:
Sueddeutsche.de, 15.01.08,
www.sueddeutsche.de/
deutschland/
artikel/841/152455/

Melodien des Zorns

Quelle: Die Zeit, 14/2002,
www.zeit.de/2002/14/
Melodien_des_Zorns

MAUT
Die Kassen klingeln

Quelle: Focus, 50/2007,
S. 22.

Wörter und Wendungen

Hier spielt die Musik!

Tonangebend: Den Ton angeben, den richtigen Ton treffen, die erste Geige spielen, auf die Pauke hauen,

jmdm. den Marsch blasen, auf etw. pfeifen, den Takt angeben, andere Saiten aufziehen, große Töne spucken, in den höchsten Tönen loben, anstimmen, dirigieren, den Takt halten, im Brustton der Überzeugung, nach jmds. Pfeife tanzen, jmdm. die Meinung geigen, eine Standpauke halten, jmdm. die Flötentöne beibringen

Aus dem Takt geraten: Etwas vergeigen, etw. geht flöten, aus dem Rhythmus kommen, nicht den richtigen Rhythmus haben, aus dem letzten Loch pfeifen, taktlos sein, flöten, schräge Töne, verstimmt, im Ton vergreifen, keinen Ton herausbringen, jmdn. verpfeifen, Misstöne, von Tuten und Blasen keine Ahnung haben, keine Opern quatschen, jmdn. aus dem Takt bringen

Zwischen Harmonie und Dissonanz: Harmonisch, das ist Musik in meinen Ohren, im Einklang sein, im Gleichklang sein, Worte wie Musik, etw. ist in Moll / Dur, auf Moll gestimmt sein, Anklang finden, es ist immer dasselbe Lied, das Ende vom Lied, einen guten Klang haben, sang- und klanglos, piano, den richtigen Ton treffen, einen anderen Ton anschlagen, Zukunftsmusik, zum guten Ton gehören

Klänge in Chor und Orchester: Der Ton macht die Musik, Arien singen, die zweite Geige spielen, hier spielt die Musik, von etwas ein Lied singen können, ein Loblied auf jmdn. singen, die Spatzen pfeifen es von den Dächern, ein paar Takte reden, etw. einpauken, mit Pauken und Trompeten, ins selbe Horn blasen, Rhythmus im Blut haben, die Werbetrommel rühren, zusammentrommeln, Paukenschlag, Pfeife, Trommelfeuer, dirigieren, anstimmen

Wichtige Wendungen auf einen Blick:

Tonangebend

die erste Geige spielen	auf die Pauke hauen	den Takt angeben
große Töne spucken	jmdm. Flötentöne beibringen	im Brustton der Überzeugung
etw. dirigieren	nach jmds. Pfeife tanzen	etw. anstimmen

Vergeigt

aus dem Takt geraten	etw. vergeigen	aus dem Rhythmus kommen
taktlos sein	schräge Töne	sich im Ton vergreifen

Harmonie

das ist Musik in meinen Ohren	im Einklang sein	Worte wie Musik
Anklang finden	zum guten Ton gehören	einen guten Klang haben
harmonisch		

Dissonanzen

sang- und klanglos	verpfeifen	einen anderen Ton anschlagen
verstimmt	Misstöne	

In Chor und Orchester

der Ton macht die Musik	die Kasse klingeln lassen	hier spielt die Musik
mit Pauken und Trompeten	ein Loblied singen auf ...	die Werbetrommel rühren
zusammentrommeln	Paukenschlag	Trommelfeuer
ins selbe Horn blasen	Zukunftsmusik	von etw. ein Lied singen können

Dümmer als dumm

Warum sagt man „von Tuten und Blasen keine Ahnung"?

„Du hast von Tuten und Blasen keine Ahnung!" ist so ziemlich das Unschmeichelhafteste, was man gesagt bekommen kann. Denn dieser Ausdruck ist der Superlativ von „keine Ahnung haben".

Ihren Ursprung hat die Redewendung im Mittelalter. Damals wurden Nachtwächter auf Patrouille geschickt, die zu jeder vollen Stunde in ihr Horn blasen mussten. Es war eine der am schlechtesten bezahlten Arbeiten – und das zu Recht: Denn mehr als laufen und ins Horn blasen musste so ein Nachtwächter nicht tun. Mittelalterliche Beschäftigungstherapie also. Und wer nicht einmal dieser einfachen Tätigkeit gewachsen war, konnte wahrscheinlich gar nichts und war gesellschaftlich diskreditiert. Er hatte im wahrsten Sinne des Wortes von „Tuten und Blasen keine Ahnung".

Praxistipp Musik

Von verstimmt bis harmonisch bietet die Musik Wendungen für alle Textarten.

Ein klarer Vorteil der Wortwelt „Musik": Sie signalisiert erst einmal Zusammenspiel, Harmonie, Gleichklang. Für ein Orchester gilt: Das Ganze ist mehr als die Summe seiner Teile. Mit musikalischen Sprachbildern heben Sie nicht nur einzelne Instrumente hervor, sondern das Kopfkino des Lesers kontrastiert sie oft zum Orchester. Und hier können Sprachbilder in zwei Richtungen wirken: harmonisch oder disharmonisch.

Kapitel 7

Religion

„Chefkoch kommt in Teufels Küche."

„Muss der Außenminister zu Kreuze kriechen?"

„1200 Moto-Cross-Fans pilgern zum Fichtenring."

Zum Einstieg …

Teuflisch gut texten? Für viele bleibt das ein frommer Wunsch. Denn es ist einfach ein Kreuz mit den richtigen Worten. Der eine redet mit Engelszungen auf seine Kunden ein, der andere betet seine Argumente einfach so herunter. Ein Dritter will auf Teufel komm raus zum Abschluss kommen und macht seinen Zuhörern richtig die Hölle heiß. Diese Wortwelt zeigt, welche Sprachbilder jeweils dazu passen.

Erklärung

Himmel oder Hölle?

Engelchen und Teufelchen: Die Welt der Religion hat zwei ganz gegensätzliche Ausprägungen.

Mit den Worten ist es manchmal ein Kreuz. Und wie immer steckt der Teufel im Detail. Achten Sie beim Einsatz dieser Wortwelt genau darauf, welche Richtung Sie mit Ihren Texten einschlagen und wen Sie ansprechen. Sollten Ihre Texte „teuflisch" gut sein oder wollen Ihre Leser eher „himmlische" Texte lesen?

Tonlage

Mal frech, mal brav

Der Ton dieser Wortwelt kann sehr unterschiedlich sein. Zwischen himmelhoch jauchzend und fuchsteufelswild ist alles denkbar. Je nachdem, ob Sie Ihre Wendungen eher

aus Teufels Küche wählen oder mit Engelszungen Ihren Leser überzeugen wollen: Ihr Text wirkt jedes Mal anders. Mal frech, mal brav.

Bleiben Sie glaubhaft!

Hier kommt es auf Kleinigkeiten an: Gläubige oder Gläubiger?

Ein spezieller Fall sind Redewendungen um das Verb „glauben". Hier kommt es schnell zu missverständlichen Aussagen. Muss jemand daran glauben oder dran glauben (sterben)? Gläubiger oder Gläubige – abkassieren oder beten? Vorsicht: Hier kommen Sie unglaublich schnell in Teufels Küche!

Beispiele aus Literatur und Presse

„Ihr seid doch auch verteufelt arm."
Johann Wolfgang Goethe, Satyros oder Der vergötterte Waldteufel

Beispiele ☑️
zwischen Himmel
und Hölle.

„Ermüdet mag der Wanderer einen Dom bemerken, die Schönheit ihm fast engelsgleich entgegenfliegen, des Münsters Himmelssehnsucht jeden Pilger stärken!"
Theodor Däubler, Das Nordlicht

„Die Seele jeder Ordnung ist ein großer Papierkorb."
Kurt Tucholsky

„Da befürchtet wurde, Joschka Fischer müsse um der Freundschaft zwischen Deutschland und den USA im übertragenen Sinne zu Kreuze kriechen, zerstreute der Außenminister dies mit dem Hinweis, dass dies kein Gang nach Canossa werde ..."

Kinder- und Jugendkriminalität
Das Kreuz mit dem Hessen

Spätester ... it dem V⌐rschlag auch K⌐ ...

Quelle:
Sueddeutsche.de, 14.01.08,
www.sueddeutsche.de/
deutschland/
artikel/669/152283/

Deutsche Standards
Der Urlaub ist heilig
Von Christoph Hus

Quelle: FAZ, 30.06.07, S. C5.

HAUSRATVERSICHERUNGEN
DER TEUFEL STECKT IM DETAIL
Hausratversicherungen sind landläufig populär. Doch mancher Vertrag

Quelle: Unicum Beruf, 6/07,
S. 33.

Wörter und Wendungen

Hier sind viele Wörter und Wendungen zwischen Himmel und Hölle.

Himmlisch: Jmdn. in den Himmel loben, dem Himmel sei Dank, der Himmel auf Erden, über Gott und die Welt reden, aus heiterem Himmel, die Sterne vom Himmel holen, etw. schreit zum Himmel, etw. stinkt zum Himmel, dich schickt der Himmel, Himmel noch mal, der Himmel öffnet seine Schleusen, es ist noch kein Meister vom Himmel gefallen, jmdn. / etw. in den Himmel heben, um Himmels

Willen, ein Geschenk des Himmels, im siebten Himmel sein, die Engel im Himmel singen hören, das Blaue vom Himmel versprechen, himmelhoch jauchzend, das weiß nur der Himmel, himmlisch, Himmelangst, Himmelfahrtskommando, himmelweit, aus

allen Wolken fallen, etw. mit Engelsgeduld ertragen, mit Engelszungen reden, göttlich, gottverlassene Gegend, eine Gabe Gottes, dein Wort in Gottes Ohr, von Gott verlassen sein, zwei Herren dienen, das mögen die Götter wissen, ein Bild für die Götter, etw. hoch und heilig versprechen, die heilige Kuh schlachten, Götterspeise, engelsgleich

Teuflisch: Den Teufel an die Wand malen, mit dem Teufel im Bunde, etw. fürchten wie der Teufel das Weihwasser, teuflisch gut, verteufelt schwer, in (drei) Teufels Namen, der Teufel steckt im Detail, etw. verteufeln, eine (Bau-)Sünde, auf Teufel komm raus, in Teufels Küche kommen, etw. müsste mit dem Teufel zugehen, es ist die Hölle los, es ist der Teufel los, wenn man vom Teufel spricht, jmdm. die Hölle heiß machen, jmdn. zur Hölle wünschen, jmdm. das Leben zur Hölle machen, durch die Hölle gehen, Teufelskerl, teuflisch gut, Satansbraten, Fehlerteufel, fuchsteufelswild, Teufelskreis, Höllenlärm, jmdn. soll der Teufel holen, jmdn. reitet der Teufel, sich den Teufel um etw. scheren, den / einen

Wichtige Wendungen auf einen Blick:

Himmlische Wörter

aus heiterem Himmel	etw. schickt der Himmel	wie im Himmel
ein Geschenk des Himmels	Himmelfahrtskommando	himmelweit

Engelsgleich

mit Engelsgeduld	mit Engelszungen reden	die Hände in Unschuld waschen

Teuflisch gut

verteufelt	auf Teufel komm raus	eine (Bau-)Sünde
in Teufels Küche kommen	etw. geht mit dem Teufel zu	eine Sünde wert sein
Teufelskerl	dem Untergang geweiht	Himmel und Hölle in Bewegung setzen
eine Heidenangst	Teufelskreis	Höllenlärm
Fehlerteufel	Satansbraten	durch die Hölle gehen

Bibelfest

ein Buch mit sieben Siegeln	ein biblisches Alter haben	von Pontius zu Pilatus
vom Saulus zum Paulus	den ersten Stein werfen	die zehn Gebote des Textens
Moralpredigt	über den Jordan gehen	pilgern
göttlich		

Kreuze, Kirchenmäuse und mehr

die Kirche im Dorf lassen	etw. herunterbeten	etw. einweihen
Ja und Amen sagen	zu Kreuze kriechen	drei Kreuze machen

Teufel tun, den Teufel mit dem Beelzebub austreiben, einen Pferdefuß haben

Zwischen Himmel und Hölle: Dem Untergang geweiht, Himmel und Hölle in Bewegung setzen, Licht am Ende des Tunnels, einen Heidenspaß haben, eine Heidenangst haben, die Hände in Unschuld waschen, die Feuertaufe bestehen

Biblisch: Ein Buch mit sieben Siegeln, aus Wasser Wein machen, ein salomonisches Urteil, Gang nach Canossa, von Pontius zu Pilatus, vom Saulus zum Paulus, Sodom und Gomorrha, ein Kainsmal tragen, ein Uriasbrief, um das goldene Kalb tanzen, im Schweiße seines Angesichts, den Judaslohn bekommen, sicher wie in Abrahams Schoß, über den Jordan gehen, den ersten Stein werfen, ein biblisches Alter haben, alt wie Methusalem,

Moralapostel, etw. feiert Auferstehung, pilgern, Heiligenschein, pharisäerhaft

Gott auf Erden / Beten / Kirche: Arm wie eine Kirchenmaus, die Kirche im Dorf lassen, an etw. glauben, jmdn. daran glauben lassen, eine (Moral-) Predigt halten, auf die Knie gehen, zu etwas „Ja und Amen" sagen, etwas absegnen, den Schein wahren, drei Kreuze machen, zu Kreuze kriechen, es ist ein Kreuz mit etwas, etw. einweihen, jmdn. beweihräuchern, sein Kreuz auf sich nehmen, der Haussegen hängt schief, ein wahrer Segen, seinen Segen zu etw. geben, das Zeitliche segnen, sicher wie das Amen in der Kirche, im guten Glauben, etw. herunterbeten, göttlich, Gläubiger, einer Sache Glauben schenken, jmdm. etwas glauben machen, dran glauben müssen, der Zweck heiligt die Mittel

Viele Wörter und Wendungen gehen auf biblische Gleichnisse zurück.

Drei Kreuze machen

Die Fahrprüfung ist bestanden oder das Haus fertig gebaut. Ein arbeitsreiches Projekt, bei dem man viel Nerven gelassen hat, ist endlich geschafft. Da macht man erst einmal drei Kreuze. Aber warum eigentlich?

Es hat etwas mit dem Bekreuzigen der Christen zu tun. Wenn etwas Bedeutendes passiert oder etwas Schlimmes vorüber ist, bekreuzigt sich der Christ und bekennt sich so zu Gott. Das Bekreuzigen verdeutlicht also – im übertragenen Sinne – das Überstehen oder Bewältigen einer großen Aufgabe. Und weil die Zahl drei die Dreifaltigkeit symbolisiert und alle guten Dinge auch drei sind, machen wir eben drei Kreuze.

Warum machen wir „drei Kreuze", wenn etwas Schlimmes überstanden ist?

Praxistipp Religion

Bei dieser Wortwelt ist in vielerlei Hinsicht Vorsicht geboten. Nicht nur, dass Himmel und Hölle sich nicht besonders gut miteinander vertragen. Religion kann ein sehr sensibles Thema sein. Längst nicht jede Zielgruppe wird zu religiösen Wortspielen „Ja" und „Amen" sagen. Einen eleganten Mittelweg zu finden, kann dabei verteufelt schwer sein. Bevor Sie also im Nachhinein den Gang nach Canossa antreten müssen, lassen Sie besser die Kirche im Dorf.

Himmlisch kann's werden, wenn Sie etwas in den höchsten Tönen loben wollen: Ein Menü, einen Konzertbesuch. Alles was den Teufel ins Spiel bringt, verleiht Texten oft Würze und passt zu frechen Produkten oder Ereignissen.

Praxistipp:
Vorsicht bei dieser Wortwelt ...

✎ **Ihre Notizen:**

....

....

Kapitel 8

Seefahrt

„Der Fels in der Brandung.“
Slogan einer bekannten Versicherung

„Es ist Zeit, Segel zu setzen zu den Sternen.“
Astronom und Autor Carl Sagan

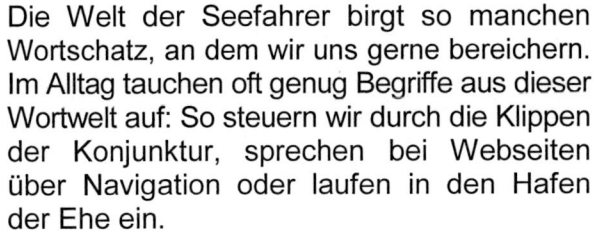

Zum Einstieg …

Die Welt der Seefahrer birgt so manchen Wortschatz, an dem wir uns gerne bereichern. Im Alltag tauchen oft genug Begriffe aus dieser Wortwelt auf: So steuern wir durch die Klippen der Konjunktur, sprechen bei Webseiten über Navigation oder laufen in den Hafen der Ehe ein.

Erklärung

Volle Kraft voraus!

Die Wortwelt „Seefahrt": Voller Wendungen, die Ihre Unternehmenskommunikation stärker machen.

Eine Wortwelt, die von Seebären und Landratten gleichermaßen genutzt wird. Besonders gerne zeigen Unternehmen

– bildlich gesprochen – mit dieser Wortwelt Flagge. Ob in der Werbung, in der Kundenansprache oder intern: Die einstige Welt der Seefahrer ist längst in den Sprachgebrauch von Firmenbossen, Marketingstrategen und in die betriebliche Kommunikation aufgenommen. Wirkt diese Wortwelt doch besonders stark, um Ziele, Bedürfnisse und Ängste der Unternehmen auszudrücken.

Tonlage

Schwerer Seegang oder ruhiges Wasser?

Der Seefahrer-Wortschatz schweißt zusammen.

Wie bei jeder Wortwelt gilt auch hier: Achten Sie auf stimmige und eindeutige Bilder. Wenn wir alle im selben Boot sitzen, ist auch jeder Teil der Mannschaft. Deshalb eignet sich diese Wortwelt besonders gut, um Teamorientierung auszudrücken und auf Gemeinsamkeiten hinzuweisen. Bilder der Seefahrt sind klar, jedem geläufig und oft romantisch verklärt. Deshalb wirken sie auch besonders stark. Im Positiven, wie im Negativen.

Beispiele aus Literatur und Presse

„Wir Hamburger lassen keinen von uns über Bord gehen."
Max Warburg, Gründer der „Hamburgischen Brücke" vor
über 90 Jahren

„Doch anscheinend ist Arroganz im ÖR-Bereich genetisch
verankert."
Handelsblatt (09.11.2006)

„So will ich, obgleich es mein Herz zerreißt, untertauchen
in die schmerzlichen Erinnerungen meines Lebens ..."
Iduna Gräfin H. H., Fanny Lewald

*A*uf Schiffen werden die wichtigsten Ereignisse und Stationen
stichwortartig in einem Logbuch festgehalten. Auch eine Stadt
muss „seetüchtig" sein, um nicht nur in ruhigen Zeiten zu bestehen, sondern genauso gut Stürme unbeschadet überstehen zu
können. Dabei kommt es auf eine qualifizierte und hoch motivierte
Mannschaft an. Und das Team am Steuer muss das Ziel kennen
und sich über den Kurs einig sein.

Um in diesem Sinne unsere Heimatstadt Horb am Neckar mit allen
Stadtteilen „seetüchtig", sprich: zukunftsfähig zu machen, kam es
mir vor allem darauf an, die Finanzsituation der Stadt zu verbessern, die Verwaltung zu modernisieren und die Bürger für eine
aktive Mitwirkung zu begeistern.

Das Horber
Logbuch: die
Aufgaben eines
Bürgermeisters vor der
Kulisse der Seefahrt
neu inszeniert.

Ein herzliches Danke an die
Stadt Horb am Neckar und
an den Oberbürgermeister
Herrn Michael Theurer.

Quelle:
Süddeutsche Zeitung
Magazin, 11.01.08, S 19

VOLLE KRAFT VORAUS

Noch ist die Kernfusion zu komplizie...

GROSSE KOALITION
Merkel will Kurs halten

Bundeskanzlerin Merkel will die große Koalition auf Re-
...halten. „Wir wer-

Quelle: Welt Kompakt,
08.11.07, S. 5.

Rettungsanker des Bildungsbürgers

Quelle: FAZ, 14.06.06,
Seite R4.

Wörter und Wendungen

Willkommen im Hafen der Wörter und Wendungen!

Im Hafen: Sicherer Hafen, Flaggschiff eines Unternehmens, Segel setzen / hissen, etwas verankern, den Anker werfen, vor Anker gehen, Gedächtnisanker, etw. festzurren, in den Hafen der Ehe einlaufen, vor sich hindümpeln, etw. vom Stapel lassen, vom Stapel laufen, in See stechen

Auf See: Schiffbruch erleiden, Land in Sicht, auf Grund laufen, volle Fahrt aufnehmen, der Wind bläst ins Gesicht, der Wind bläst um die Ohren, im gleichen / selben Boot sitzen, das Ruder übernehmen, das Steuer übernehmen, aus dem Ruder laufen, etw. über Bord werfen, gegen die / mit der Strömung fahren, gefährliche Klippen umschiffen, den

Wind aus den Segeln nehmen, Tiefgang haben, Kapi-

tän sein, Kurs nehmen, Kurs halten, auf Kaperfahrt, Flagge zeigen, nach etw. Ausschau halten, im Fahrwasser von, schwerer Seegang, auf den Wellen des Erfolgs, hohe Wellen schlagen, Fels in der Brandung, unter fal-

Wichtige Wendungen auf einen Blick:

Im Hafen

sicherer Hafen	Flaggschiff eines Unternehmens sein	in den Hafen der Ehe einlaufen
in See stechen	Gedächtnisanker	

Auf See

volle Fahrt voraus	im gleichen Boot sitzen	das Steuer übernehmen
gefährliche Klippen umschiffen	den Wind aus den Segeln nehmen	Kurs nehmen auf ...
den Kurs halten	Flagge zeigen	nach etw. Ausschau halten
im Fahrwasser von ...	auf den Wellen des Erfolgs	der Fels in der Brandung
etw. an Land ziehen	in Fahrt kommen	sich über Wasser halten
die Wogen glätten	die Segel setzen	

Schwerer Seegang

Schiffbruch erleiden	auf Grund laufen	rauer Wellengang
das Steuer herumreißen	mit allen Wassern gewaschen	hart am Wind segeln
hohe Wellen schlagen	vom Kurs abkommen	über Bord gehen

An Bord

die Schotten dichtmachen	unter falscher Flagge segeln	alle Mann an Bord
auf dem falschen Dampfer sein	Galionsfigur	alte Fregatte
jmdn. ins Boot holen	klar Schiff machen	

Alle Mann an Bord!

scher Flagge segeln, mit allen Wassern gewaschen, Segel streichen, hart am Wind segeln, gegen den / mit dem Wind segeln, wieder Land sehen, etw. an Land ziehen, in Fahrt kommen, sich über Wasser halten, vom Kurs abkommen, die Wogen glätten, etw. auf Kiel legen, in jmds. Kielwasser segeln, mit vollen Segeln, Meuterei, stranden, Bermuda-Dreieck, navigieren, Navigation, in jmds. Fahrwasser geraten, im richtigen Fahrwasser, volle Fahrt voraus

An Bord: Blinder Passagier, klar Schiff machen, die Schotten dichtmachen, alle Mann an Bord, über Bord gehen, Seemannsgarn spinnen, das Steuer herumreißen, jmdn. ins Boot holen, auf dem falschen Dampfer sein, alte Fregatte, Galionsfigur

Einfach Wasser: Mit allen Wassern gewaschen, stilles Wasser, in Untiefen geraten, (steuerliche) Untiefen, etw. zieht Kreise

Mit allen Wassern gewaschen

Warum sagt man „mit allen Wassern gewaschen sein"?

Der clevere Geschäftsmann und der gewiefte Dieb haben eines gemeinsam: Sie sind mit allen Wassern gewaschen. Gemeint ist, sie schrecken vor nichts zurück, kennen jeden Trick und wenn es auf dem geraden Weg nicht geht, dann geht es eben auf dem schiefen …

Die heutige Bedeutung kommt der damaligen schon sehr nahe. Früher war die Redewendung nur auf erfahrene Seeleute bezogen. Wer durch alle Weltmeere gesegelt ist, ist eben mit allen (Meeres-)Wassern gewaschen. Symbolisiert wird damit die Erfahrung, Weisheit oder das Knowhow, eben auch die kleinsten Tricks und Kniffe zu kennen.

Praxistipp Seefahrt

Vorsicht, Falle! Mischen Sie nicht zu viele Wendungen in Ihren Text. Der Kapitän, der das Unternehmen durch die Klippen der Konjunktur steuert, sollte im Folgesatz nicht als Fels in der Brandung bezeichnet werden. Und „Cäsar schiffte in den Hafen" hat in manchen Gegenden gerade durch dialektale Einfärbung eine zusätzliche Bedeutung.

Praxistipp: Damit Sie nicht Schiffbruch erleiden ...

Ihre Notizen:

....

....

Kapitel 9

Sport

„Der Schlussverkauf geht in die letzte Runde!"

„Für unser Unternehmen gilt: Wir wollen auch in den nächsten Jahren in der Poleposition bleiben!"

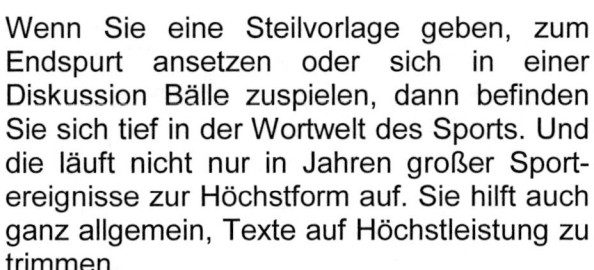

Zum Einstieg …

Wenn Sie eine Steilvorlage geben, zum Endspurt ansetzen oder sich in einer Diskussion Bälle zuspielen, dann befinden Sie sich tief in der Wortwelt des Sports. Und die läuft nicht nur in Jahren großer Sportereignisse zur Höchstform auf. Sie hilft auch ganz allgemein, Texte auf Höchstleistung zu trimmen.

Erklärung

Texte in Topform

Bekannt ist das Phänomen aus jeder Sportübertragung. Besonders gerne wird im Radio bildlich gesprochen. Dadurch kann der Zuhörer das Geschehen beinahe so wahrnehmen, als wäre er live vor Ort. Doch die Wortwelt „Sport" lässt sich auch außerhalb des Sportgeschehens anwenden. Ob ein Unternehmen sein Ziel erreicht, kurz vor dem Sprung nach oben steht oder ob die Latte besonders hoch liegt: Richtig und mit Maß verwendet, macht diese Wortwelt aus Ihrem Text etwas Sportliches und Dynamisches, verleiht ihm einen lebendigen und spritzigen Charakter.

Sportlich, sportlich ...

Zeigen Sie Kampfgeist mit sportlichen Metaphern.

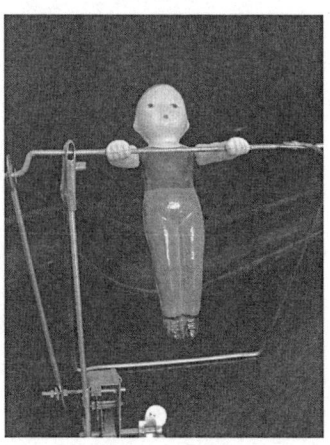

Wer sportlich ist, hat Teamgeist, spielt fair und ist körperlich topfit. Im übertragenen Sinne gelten diese Punkte auch für gute Texte: Sie fügen sich gut ins Gesamtkonzept ein und beachten die Spielregeln für Tonalität und Grammatik. Damit jeder Satz ein Volltreffer wird. Die Wortwelt des Sports eignet sich besonders gut, um Konkurrenzsituationen als einen fairen Wettbewerb darzustellen, oder aber, um den „Kampf" zuzuspitzen. Je nach Sportart. Wer Einsatz zeigt und alles für das Team gibt, hat am Ende Erfolg und gewinnt.

König Fußball regiert die (Wort-)Welt

In „sportlichen" Texten genau richtig: Sprachbilder des Fußballs.

Kaum eine andere Sportart hat im deutschen Sprachraum so viele sprichwörtliche Phrasen hervorgebracht wie der Fußball. Der Einfallslosigkeit der Reporter ist es zu verdanken, dass immer wieder dieselben Floskeln zu den Spielen fallen. Aber was bei Fußball-Reportagen fast schon

langweilt, bietet sich wunderbar an, um auf Champions-League-Niveau zu schreiben. Machen Sie einen kurzen Einwurf, um das Zusammenspiel zu kommentieren. Lassen Sie sich nicht ins Abseits stellen, sondern wagen Sie den Doppelpass zwischen Stift und Blatt.

Tonlage

Verdribbelt – wenn Produkt und Sportart nicht zusammenpassen ...

Mal wirkt diese Wortwelt dynamisch – mit Wendungen wie „einen Frühstart hinlegen" oder auch „in der Poleposition sein". Oder sie wirkt behäbig, mit Sprachbildern wie „im Mittelfeld versinken" oder „sich verdribbeln". Keinesfalls ist zu empfehlen, diese Wortwelt mit Dingen zu verknüpfen, die partout nichts Sportliches an sich haben. Oder die dem Kunden den Eindruck vermitteln, das Produkt sei schwerfällig und angestaubt. Kurzum: Die Wortwelt muss zur Ausstrahlung und zum Erscheinungsbild des Produktes passen! Einen Sarg braucht man nicht mit „die letzte Runde geht an Sie" zu bewerben ...

Tipp: Bleiben Sie in einer Sportart. Produkt und Sportart sollten zusammenpassen.

Beispiele aus Literatur und Presse

„Neue Pop-Formation springt an die Spitze der Charts."

„Ist Neuzugang Schmidt ein Volltreffer?"

Beispiele   „Effenbergs Foul: eine Steilvorlage für seine Kritiker"

Quelle:
Süddeutsche Zeitung,
12./13.01.08, S. 23.

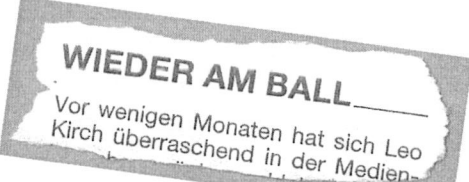

WIEDER AM BALL

Vor wenigen Monaten hat sich Leo
Kirch überraschend in der Medien-

Pirouetten auf dünnem Eis

rentabel: Finanzexperten befürchten, dass viele Deutsche

Quelle:
Süddeutsche Zeitung,
12./13.01.08, S. 2.

PROBEFAHRT

Der Preiskampfsportler

Nur k... falsche Bescheidenheit: Als Gegner für seinen ...

Quelle: Focus, 50/07, S. 160.

Wörter und Wendungen

Wenn Produkte und Dienstleistungen sportlich und dynamisch sein sollen ...

Boxen: K. o. schlagen, in den Ring steigen, letzte Runde, etw. durchboxen, sich durchboxen, über die Runden kommen, die Runde machen, etw. über die Runden bringen, mit harten Bandagen kämpfen, das Handtuch werfen

Fußball: Das Feld von hinten aufrollen, jmdm. die Gelbe / Rote Karte zeigen, böses Foul, Reserven haben, jmdn. aus der Reserve locken, im Mittelfeld versinken, Heimspiel haben, eine Steilvorlage geben, im Team spielen, in die Verlängerung gehen, ins Abseits geraten, im Abseits stehen, jmdn. ins Abseits schieben, direkt weiterleiten, mit Köpfchen spielen, sich verdribbeln, kurzer Einwurf, Bälle zuspielen, jmdn. vom Platz fegen, am Ball bleiben, zum Spielball werden, ein Eigentor schießen, das Feld räumen, leichtes Spiel haben, jmdn. dicht auf

Wichtige Wendungen auf einen Blick:

Boxen

k. o. schlagen / gehen	in den Ring steigen	sich durchboxen
mit harten Bandagen kämpfen		

Fußball

böses Foul	Reserven haben	jmdn. aus der Reserve locken
Heimspiel haben	eine Steilvorlage geben	im Team spielen
ins Abseits geraten	im Abseits stehen	die Gelbe / Rote Karte
Bälle zuspielen	am Ball bleiben	ein Eigentor schießen
leichtes Spiel haben		

Leichtathletik

den längeren Atem haben	einen Endspurt einlegen	den Startschuss geben
einen Frühstart hinlegen	jmdm. in die Arme laufen	auf dem Sprung sein
außer Atem sein	zur Höchstform auflaufen	

Formel 1

in der Poleposition stehen	das Ziel erreichen	Favoriten-Rolle
Aufholjagd	sich ins Aus manövrieren	das Rennen machen
in den Startlöchern sitzen	gut im Rennen liegen	

Sportlich, sportlich

übers Ziel hinausschießen	etw. sportlich nehmen	jmdn. vom Platz fegen
etw. als Sprungbrett nutzen	etw. ausbaden müssen	

den Hacken / Fersen sein, Halbzeitpause, Doppelpass, Ersatzbank, Volltreffer, Nachspielzeit, Teamplayer, ein Nachspiel haben, den Ball flach halten, sich gegenseitig die Bälle zuspielen

Leichtathletik: Den längeren Atem haben, Endspurt einlegen, Startschuss geben, Frühstart hinlegen, etw. gleicht einem Marathon, die Latte hoch legen, auf dem Sprung sein, außer Atem sein, jmdm. vor die Füße laufen, zu großer Form auflaufen, zum Davonlaufen sein, am laufenden Band, das Rennen ist gelaufen, zur Höchstform auflaufen, seinen Lauf nehmen

Fast jede Sportart bietet starke Sprachbilder an.

Im Rennen: In der Poleposition sein, das Ziel erreichen, Verfolgerrolle, Favoritenrolle, Aufholjagd, den Favoriten stürzen, sich ins Aus manövrieren, das Rennen machen, gut im Rennen liegen, aus dem Rennen sein, jmdn. aus dem Rennen werfen, eine Runde drehen, Sand im Getriebe

Sportlich, sportlich: Eine ruhige Kugel schieben, aus der Reihe tanzen, übers Ziel hinausschießen, etw. sportlich nehmen, sich im Kreis bewegen, gegen eine Wand rennen, über seinen eigenen Schatten springen, im Dreieck springen, Sprung ins kalte Wasser, auf dem

Sprung sein, keine großen Sprünge machen können, auf einen Sprung (vorbeikommen), jmdm. auf die Sprünge helfen, etw. springen lassen, baden gehen, etw. verschwitzen, etw. ausbaden müssen, im Geld schwimmen, mit dem / gegen den Strom schwimmen, ins Schwimmen geraten, etw. als Sprungbrett nutzen, einen Korb bekommen, mit dem Gedanken spielen, jmdm. Schach bieten, jmdn. / etw. in Schach halten, nach jmds. Pfeife tanzen, auf zwei Hochzeiten tanzen, jmdm. auf der Nase herumtanzen, etw. aus dem Stegreif machen, aufs Podest steigen, einlochen, Sprung nach oben, Sportsfreund, spielerisch, Elefantenrennen, Marathon, Zielwasser, Katzensprung

Mit harten Bandagen kämpfen oder das Handtuch werfen

Früher – in einer Zeit vor den Boxhandschuhen – wickelten sich die Boxer Bandagen um ihre Hände. Zum Schutz, könnte man aus heutiger Sicht schnell denken. Doch weit gefehlt: Die Bandagen dienten dazu, den Schlag noch härter zu machen. Je härter die Bandagen also, desto heftiger die Wirkung des Schlages. Wer mit harten Bandagen kämpft, tut alles, um zu gewinnen und am Ende als Sieger den Ring zu verlassen. Dabei werden keine Blessuren gescheut. Schon gar nicht die der anderen.

Das sprichwörtliche Handtuchwerfen hängt eng damit zusammen. Zeichnet sich ab, dass der Boxer mit den schwächeren Bandagen kurz vor dem K. o. steht, kann der Trainer den Kampf beenden. Dazu muss er nur ein Handtuch in den Ring werfen.

Warum kämpfen wir mit „harten Bandagen" oder „werfen das Handtuch"?

Ihre Notizen:

....

....

Kapitel 10

Theater

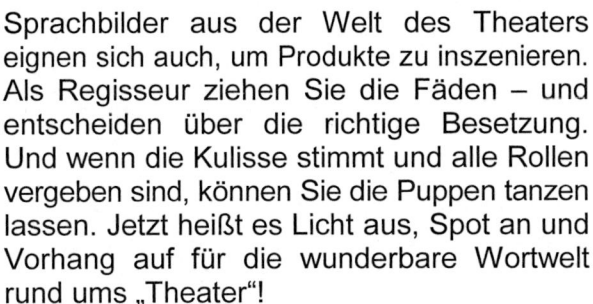

„Premiere für den neuen Toyota!"

„Als Kunde unserer Versicherung
spielen Sie die Hauptrolle!"

Zum Einstieg ...

Sprachbilder aus der Welt des Theaters
eignen sich auch, um Produkte zu inszenieren.
Als Regisseur ziehen Sie die Fäden – und
entscheiden über die richtige Besetzung.
Und wenn die Kulisse stimmt und alle Rollen
vergeben sind, können Sie die Puppen tanzen
lassen. Jetzt heißt es Licht aus, Spot an und
Vorhang auf für die wunderbare Wortwelt
rund ums „Theater"!

Erklärung

Bühne frei für die Wortwelt Theater

Mal tragisch – mal tragend: die Wortwelt „Theater".

Shakespeare, Schiller, Lessing und Goethe haben die Welt des Theaters geprägt. Kein Wunder, dass zahlreiche Redewendungen dieser Welt den Weg in den alltäglichen Sprachgebrauch gefunden haben. Vor allem in der Politik finden sich Wörter und Wendungen rund ums Theater. Politikberater als Strippenzieher, Logenplätze für die Abgeordneten oder Politiker, die eine tragische oder tragende Rolle in ihrer Partei spielen. Und manchmal wollen wir uns dieses Schauspiel gar nicht mehr antun, weil es längst ein Drama ist.

Tonlage

Stellen Sie Ihre Produkte ins Rampenlicht

Von theatralischen Glanzlichtern, Stars und einem glanzvollen Finale.

Mit der Wortwelt „Theater" verpassen Sie Ihren Texten einen ganz besonderen Glanz. Träumerisch und voller Phantasie: Das ist Theater. Jedes Schauspiel erzählt eine ganz eigene Geschichte: Drama oder

Komödie. Auch auf Ihre Produkte setzen Sie theatralisch Glanzlichter – und machen sie zum Star oder geben ihnen die Hauptrolle in Ihrer Präsentation. Was uns das Ganze verrät: Mit der Wortwelt Theater lässt sich sehr gut spielen – sie setzt meist einen glanzvollen Abschluss auf sehr viel Arbeit.

Logenplatz für Ihren Leser

Jeder Held muss auch mal Niederlagen einstecken. Und so ist das auch mit der Wortwelt des Theaters. Nicht immer gibt es ein Happy End! So glanzvoll und träumerisch die Redewendungen sein können, so hart ist manchmal die Realität. Tragische Figuren, Kulissenschieberei oder

Fallgruben – all das gehört auch zum Theater. Mit dem richtigen Gefühl für Ihre Texte nehmen Sie Ihre Leser mit auf einen Logenplatz. Und hat der Leser erst einmal Theaterluft geschnuppert, dann führen Sie ihn weiter zum fulminanten Finale.

Beispiele aus Literatur und Presse

„Dieser ganze Morieux ist ein Affentheater, das von morgens bis abends Vorstellungen gibt. Das ist doch kein Charakter."
Otto Ernst, Semper der Jüngling

Beispiele

„Die heutigen Souveräne haben, auch wenn sie mit ihrer Persönlichkeit tagtäglich ins grelle Rampenlicht der Presse treten, immer etwas Unpersönliches."
Otto Julius Bierbaum, Prinz Kuckuck

Der kühle Lobbyist in der Maske des manischen Bezichtigers

10. Oktober 2007 Ein österreichischer Schriftsteller, soeben
...f dem Wiener ...

Quelle: FAZ, 10.10.07, S. 13.

Vorhang auf

US-Präsident Bush ...
...euern senke...

Quelle: Die Zeit, 51/2002, www.zeit.de/2002/51/ Vorhang_auf

Christine Kaufmann vor Gericht
Auf der Bühne der Justiz
...

Quelle: sueddeutsche.de, 14.01.08, www.sueddeutsche.de/ muenchen/ artikel/691/132450/

Wörter und Wendungen

Vorhang auf für den Lexikonteil!

Jetzt gehört die Bühne Ihnen: Schreiben Sie doch einfach Ihren nächsten Text vor der Kulisse des Theaters.

Vor der Premiere: Generalprobe für etw., viel Theater um etw. machen, Monologe führen, das gibt ein Theater, in eine Rolle schlüpfen, die Rollen verteilen, die Rollen vertauschen, jmdn. auf die Probe stellen, sich in einer Rolle finden, sich in eine Rolle hineinfinden, sich in jmds. Rolle hineinversetzen, Lampenfieber, zum Vorsingen kommen, Maske, Maskerade, demaskieren

Auf der Bühne: Etw. über die Bühne bringen, etw. geht über die Bühne, etw. auf die Bühne bringen, wenn der

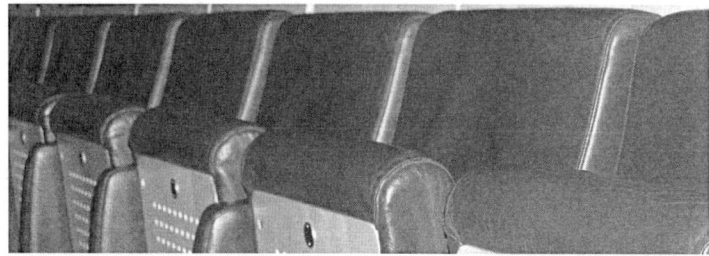

Vorhang sich öffnet, wenn der Vorhang fällt, von der Rolle sein, eine Rolle spielen, im Rampenlicht stehen, das Rampenlicht scheuen, etwas darstellen, er schauspielert doch nur, die Bühne verlassen, von der Bühne abtreten, die Hauptrolle spielen, tragische Figur, eine Posse spielen, ein Bubenstück, eine Szene machen, theatralisch, Drama, Komödie, eine Lachnummer, ein

Schauspiel, Star sein, nach jmds. Pfeife tanzen, ganz schön dramatisch, Theater spielen (i. S. v. etw. vortäuschen), die Wortbühne, Erstbesetzung, Statist sein, Happy End, Fehlbesetzung, Schmierentheater

Hinter den Kulissen: Etw. soufflieren, Vorhang, Kulissenschieberei, Gastauftritt Zweitbesetzung, jmdm. etw. einflüstern, hinter die Kulissen schauen, einen Blick hinter die Kulissen werfen, Rampe, Theaterdonner, Vorderbühne, Hinterbühne, Strippenzieher, Schnürbo-

den, Hintertüren, Fallgruben, Kulisse für ...

Im Zuschauerraum: Logenplatz, Zugabe, Logen, Notausgänge, Platz nehmen, in der ersten Reihe sitzen, sich Applaus abholen

Sonstiges: Affentheater, Platzhalter, Marionette, die Fäden ziehen, die Puppen tanzen lassen, die Fäden in der Hand halten

Wichtige Wendungen auf einen Blick:

Vor der Premiere

Generalprobe	in eine Rolle schlüpfen	viel Theater um ...
Lampenfieber haben	jmdn. auf die Probe stellen	

Auf der Bühne

etw. über die Bühne bringen	wenn der Vorhang fällt	Bühne frei für ...
eine Rolle spielen	im Rampenlicht stehen	die Bühne verlassen
die Hauptrolle spielen	eine Szene machen	theatralisch
Drama	Komödie	eine Lachnummer
ein Star sein		

So ein Theater ...

etw. geht über die Bühne	schauspielern	von der Bühne abtreten
etw. darstellen	das Rampenlicht scheuen	der Vorhang fällt
ganz schön dramatisch	von der Rolle sein	Vorhang auf für ...
ein Schauspiel		

Hinter den Kulissen

Kulissenschieberei	Zweitbesetzung	Gastauftritt
Hintertür	Logenplatz	tragische Figur
Strippenzieher	Fehlbesetzung	Affentheater
Marionette	Schmierentheater	Fallgruben

Warum Schauspieler Lampenfieber haben

Woher kommt
das „Lampenfieber"?

Am so genannten Lampenfieber leiden in der ursprüngli-
chen Bedeutung vor allem Schauspieler. Und zwar schon
seit dem 19. Jahrhundert. Denn damals entstand diese
Redensart und sie meint ganz einfach, dass jemand vor
seinem großen Auftritt aufgeregt ist. Heute gehört Lampenfieber aber längst nicht mehr nur zum Bühnenjargon. An
Lampenfieber „erkranken" wir alle manchmal, besonders
vor wichtigen Prüfungen, Vorstellungsgesprächen oder
Präsentationen.

Doch was hat Lampenfieber mit einer Lampe zu tun?
Gemeint ist hier die am Bühnenaufgang montierte Beleuch-
tung. Sie setzt den Künstler, sobald er die Bühne betritt,
plötzlich in helles Licht. Dieses Licht lässt ihn oft noch
aufgeregter und nervöser werden.

Ihre Notizen:

....

....

Kapitel 11

Tiere

„Regierung lässt die Katze aus dem Sack."

„Elefantenhochzeit sorgt für Katerstimmung."

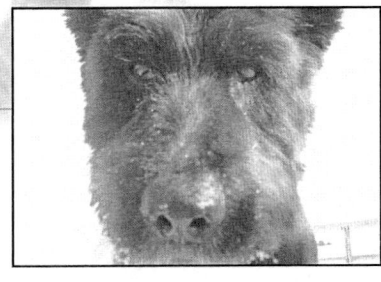

Zum Einstieg …

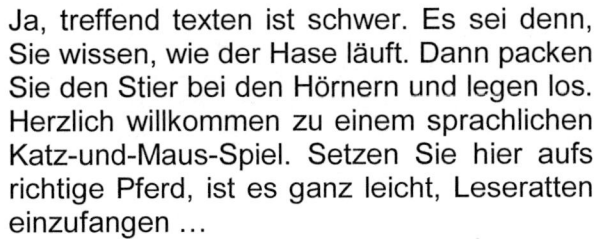

Ja, treffend texten ist schwer. Es sei denn, Sie wissen, wie der Hase läuft. Dann packen Sie den Stier bei den Hörnern und legen los. Herzlich willkommen zu einem sprachlichen Katz-und-Maus-Spiel. Setzen Sie hier aufs richtige Pferd, ist es ganz leicht, Leseratten einzufangen …

Erklärung

Hier steppt der Bär!

Bunt gemischt mit wilden Sprachbildern.

Wagen Sie sich in die Höhle des Löwen und heulen Sie ein wenig mit den Wölfen. Hier treffen Sie ebenso auf die Schnapsdrossel wie auch auf den bulligen Typen mit Stiernacken. Merken Sie was? In der Wortwelt der Tiere wird es wild. So vielfältig wie die Tierwelt selbst ist auch die dazugehörige Wortwelt.

Tonlage

Wild Thing!

Diese Wortwelt schafft hohe Aufmerksamkeit bei Ihren Lesern.

Wecken Sie die animalischen Instinkte bei Ihren Lesern! Lassen Sie die Katze aus dem Sack und packen Sie den Tiger in den Tank. Die tierische Wortwelt hält viele starke Metaphern parat: bärenstark, vogelfrei etc. In dieser Spra-

che steckt viel Kraft und Energie, kurz gesagt: Power, die für hohe Aufmerksamkeit sorgt. Mit dieser Wortwelt brechen Sie textlich aus dem Alltag aus und führen Ihren Lesern wilde, starke Bilder vor Augen. Aber Vorsicht: So manche Sprachbilder aus dieser Wortwelt sind Wölfe im Schafspelz, denn …

Vorsicht: Der Elefant im Porzellanladen

Es ist nicht immer leicht, Leseratten einzufangen. Das fängt schon damit an, dass Sie Ihre Leser nicht als Leseratten bezeichnen sollten! Denn die Tierwelt wirkt nicht immer

animalisch, stark und wild. Manchmal auch eher verniedlichend, abwertend oder belustigend. Also passen Sie gut auf, bevor Sie eine Mücke zum Elefanten machen und sich damit einen Bärendienst erweisen!

Vorsicht: Jedes Tier hat eine andere Wirkung, die sich auch auf Ihren Text überträgt.

Beispiele aus Literatur und Presse

„Alles gackert, aber wer will noch still auf dem Neste sitzen und Eier brüten? Auch dem Frömmsten ist sein tägliches Mittagessen wichtiger als das Abendmahl."
Friedrich Nietzsche

„Hastig wie ein Wiesel und ohne ein Wort zu verlieren, lief er auf einen Sessel zu, (…) und küßte sodann der Gräfin zeremoniell die Hand zur Begrüßung."
Gustav Meyrink, Walpurgisnacht

„Weiß Gott, so tu ich", rief Brktzwisl und setzte vor Freuden den Respekt so ganz aus dem Auge, dass er einen Katzensprung in die Luft machte …"
Wilhelm Hauff, Der Mann im Mond

„Wer sich nicht ständig um sein Aktieninvestment kümmert und gute Marktkenntnisse besitzt, setzt schnell auf das falsche Pferd."

„Wer Interesse an der IGL hat und nicht die Katze im Sack kaufen will, kann jederzeit Unterlagen bei mir anfordern."

„Da beißt die Maus keinen Faden ab: Wer heutzutage konkurrenzfähig sein will, darf computertechnisch nicht von gestern sein."

„Die Entscheidungen, die in den kommenden Monaten gefällt werden, dürfen nicht das Huhn schlachten, das goldene Eier legt."

Beispiele

Elefantenrunde

Quelle: Insight, 11/07, S. 23.

Wenn sich in Politmagazinen die Großen der Republik zur Elefantenrunde treffen, befinden wir uns in Mitten der tierischen Wortwelt.

,, **Fleisch ist ins Gerede gekommen.** Deshalb packen wir den Stier bei den Hörnern und reden mit. Nicht über andere – das ist nicht unsere Art. Wir reden über das, wovon wir wirklich etwas verstehen: über Fleisch und Wurst. "

Metzgermeister Franz Ottillinger

Wenn einer den „Stier bei den Hörnern packen" kann, dann ist das wohl ein Metzgermeister.

BEST FRIENDS HUNDE & KATZEN

Einfach tierisch

[T] ierbabys sind ja

Quelle: PC Magazin, 6/07, S. 80.

Bärendienst für Berlin

Er bezauberte Deutschland: von Hand aufgezogene Ei
Knut bringt d

Quelle: Focus, 50/07, S. 90.

TV-Hai schnappt nach der Liga!
ARD-Boss droht mit Ausstieg

Quelle: Bild, 11.01.08, S. 18.

Banker in Katerstimmung

Vor einem Jahr strichen sie Rekordgehälter ein – Jetzt sind sie arbeitslos

Quelle: Welt Kompakt,
08.11.07, S. 15.

Wörter und Wendungen

Wie Hund und Katz: Da wird der Hund in der Pfanne verrückt, bekannt wie ein bunter Hund, begossener Pudel, den eigenen Schweinehund überwinden, auf den Hund kommen, vor die Hunde gehen, das ist ja ein dicker Hund, wie ein Schlosshund heulen, pudelwohl, hundeelend, Dackelblick, hundemüde, dort liegt der Hund begraben, ein krum-

mer Hund, schlafende Hunde wecken, kalt wie eine Hundeschnauze, wie ein geprügelter Hund, aufpassen wir ein Schießhund, sich in eine Sache verbeißen, verbissen sein, Katzenjammer, Naschkatze, Katerfrühstück, Katerstimmung, nachts sind alle Katzen grau, etw. ist für die Katz, ein Katzensprung, verkatert sein, die Katze im Sack kaufen, die Katze aus dem Sack lassen, Katz und Maus spielen, Katzenwäsche machen, am Katzentisch sitzen, wie die Katze um den heißen Brei schleichen

Haben Sie einen Vogel?
Eine Meise haben, flügge werden, vogelfrei, den Vogel abschießen, Federn lassen, mit jmdm. ein Hühnchen rupfen, Hahn im Korb sein, da kräht kein Hahn danach, ein komischer Kauz, ein schräger Vogel, jmdm. einen Vogel zeigen, sich mit fremden Federn schmücken, mit den Hühnern aufstehen, da lachen ja die Hühner, mit dem ersten Hahnenschrei, wie die Aasgeier über jmdn. herfallen, Krähenfüße um die Augen haben, Pleitegeier, Galgenvogel, Lockvogel, Pechvogel, Kuckuckskind, Kuckucksei, der Kuckuck (für Pfandsiegel), gackern

Bärenstarke Schweinereien:
Schwein gehabt, im Schweinsgalopp, die Festsau sein, hier tanzt der Bär, hier steppt der Bär, jmdm. einen Bärendienst erweisen, Bärenhun-

Hunde, Katzen, Vögel, Bären: Artenvielfalt gibt es sowohl in der Natur als auch in Ihrem tierischen Lexikon.

ger, die Krallen ausfahren, bärenstark, schlafen wie ein Bär, jmdm. einen Bären aufbinden, ein armes Schwein, saugut, wie eine gesengte Sau, die Sau rauslassen, unter aller Sau, jmdn. zur Sau machen, Perlen vor die Säue werfen

Tiere garantieren hohe Aufmerksamkeit.

Ich glaub, mich tritt ein Pferd: Auf Schusters Rappen, auf das falsche / richtige Pferd setzen, das Pferd von hinten aufzäumen, auf einem hohen Ross sitzen, das beste Pferd im Stall sein, stur wie ein Esel, im Galopp, mit jmdm. Pferde stehlen können, grinsen wie ein Honigkuchenpferd, Pferde scheu machen, trojanisches Pferd, Ross und Reiter nennen, eine Eselsbrücke bauen, Bürohengst, Drahtesel, jmdn. bringen keine zehn Pferde dazu, jmdm. gehen die Pferde durch, einem vom Pferd erzählen, arbeiten wie ein Pferd, den Amtsschimmel reiten, jmdn. in etwas hineinreiten, einen Pferdefuß haben

Was für ein Affentheater: Den Affen für jmdn. spielen, Affen loslassen, einen alten Affen etw. lehren, sich zum Affen machen, Affenzirkus veranstalten, Maulaffen feilhalten, jmdn. nachäffen, Affenzahn, mich laust der Affe, wie vom wilden Affen gebissen

Das ist zum Brüllen: Wie ein Löwe kämpfen, wie ein Wolf im Schafspelz, mit den Wölfen heulen, in der Höhle des Löwen, den Tiger in etw. wecken, den Löwenanteil bekommen, Papiertiger, Baulöwe, Leitwolf

Mit dem Strom schwimmen: Einen Goldfisch angeln, kleiner Fisch, wie ein Fisch auf dem Trockenen, einen großen / dicken

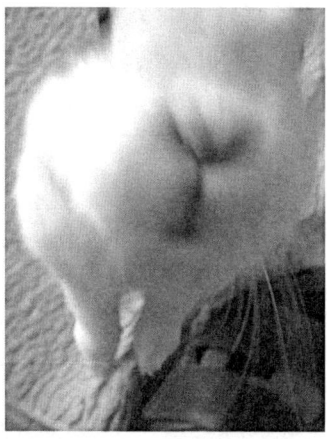

Fisch an der Angel haben, sich fühlen wie ein Fisch im Wasser, sich etw. herausfischen, in trüben Gewässern fischen, im Trüben fischen, sich winden wie ein Aal, Backfisch, Kredithai, aalglatt, Haifischbecken, etw. ist weder Fisch noch Fleisch, stumm wie ein Fisch

Der Rest der Tierwelt: Schwarzes Schaf, jmdn. anblöken, Elefant im Porzel-

Wichtige Wendungen auf einen Blick:

Hund und Katz

den eigenen / inneren Schweinehund überwinden	ein Katzensprung	auf den Hund gekommen
die Katze aus dem Sack lassen	Katz-und-Mausspiel	

Alle Vöglein ...

wie die Aasgeier über etw. herfallen	mit jmdm. ein Hühnchen rupfen	sich mit fremden Federn schmücken
Federn lassen		

Stark wie ein Bär

einen Bärendienst erweisen	die Krallen ausfahren	bärenstark

Ich glaub, mich tritt ein Pferd

auf das richtige / falsche Pferd setzen	das Pferd von hinten aufzäumen	auf einem hohen Ross sitzen
das beste Pferd im Stall	im Galopp	Ross und Reiter nennen

Der Rest der Tierwelt

schwarzes Schaf	Baulöwe	mit den Wölfen heulen
in der Höhle des Löwen	Schlange stehen	Affentheater / Affenzirkus
ein kleiner Fisch sein	Pleitegeier	sich winden wie ein Aal
bei den Hörnern packen	hohes Tier	alter Hase
wissen, wie der Hase läuft	graue Maus	Lockvogel
Elefantenhochzeit	sich pudelwohl fühlen	Affenzahn

lanladen, flink wie ein Wiesel, jmdn. bei den Hörnern packen, hohes Tier, alter Hase, wissen, wie der Hase läuft, Schlange stehen, sich durchschlängeln, graue Maus, arm wie eine Kirchenmaus, aus einer Mücke einen Elefanten ma-chen, einen Frosch im Hals haben, im Gänsemarsch laufen, lammfromm, Angsthase, hamstern, Elefantenhochzeit, bullig, Schneckentempo, Rudelbildung, Krokodilstränen, mucksmäuschenstill

Woher kommt „einen Kater haben"?

Warum sagt man „einen Kater haben"?

Der Tag war lang und die Nacht noch länger – vom nächsten Morgen kaum zu schweigen! Der sprichwörtliche Kater nach einer durchzechten Nacht ist die unangenehme Folge, wenn man abends etwas zu tief ins Glas geschaut hat.

Doch was haben ein pochender Schädel und schmerzende Glieder mit dem flauschig-weichen Samtpfotengänger zu tun? Genau: gar nichts. Denn der „Kater", der hier gemeint  ist, ist eine über lange Jahre entstandene umgangssprachliche Abwandlung von dem „Katarrh". Ein Katarrh ist eine schmerzliche Schleimhautentzündung. Mit der wurde das Gefühl am berühmten „Morgen danach" verglichen. Aus „Katarrh" wurde dann irgendwann der „Kater".

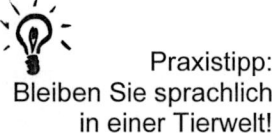

**Praxistipp:
Bleiben Sie sprachlich
in einer Tierwelt!**

Praxistipp Tiere

Mit diesen tierischen Ausdrücken bringen Sie Leben in Ihren Text. Aber Vorsicht, auch hier gibt es Grenzen! Lassen Sie nicht einen ganzen Zoo auf Ihre Leser los. Besser ist es, Sie bleiben bei nur einem Tier. Wer sich wie ein Fisch im Wasser fühlt, sollte dabei weder das Pferd von hinten aufzäumen noch einen Löwenanteil bekommen.

Kapitel 12

Verkehr

„Siemens zieht die Notbremse."

„Ein Urlaub zum Auftanken."

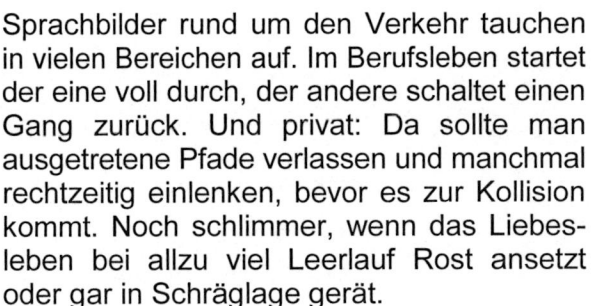

Zum Einstieg ...

Sprachbilder rund um den Verkehr tauchen in vielen Bereichen auf. Im Berufsleben startet der eine voll durch, der andere schaltet einen Gang zurück. Und privat: Da sollte man ausgetretene Pfade verlassen und manchmal rechtzeitig einlenken, bevor es zur Kollision kommt. Noch schlimmer, wenn das Liebesleben bei allzu viel Leerlauf Rost ansetzt oder gar in Schräglage gerät.

Erklärung

Vollgas geben erlaubt

Sprachbilder aus der Wortwelt „Verkehr" sind für uns alltäglich.

Auto, Fahrrad und Bahn gehören zum Alltag. Wie die Verkehrsmittel sind auch die Begriffe dieser Wortwelt ganz normal geworden. Da wird es höchste Eisenbahn für Ihren Sommerurlaub, da sind wir ganz neben der Spur, wir starten durch oder schalten einen Gang zurück, um wieder in die Gänge zu kommen. Diese Beispiele zeigen, wie alltäglich die Wortwelt Verkehr für uns ist. In fast jeder Verkehrs- ... äh, Lebenslage kriegen Sie mit dieser Wortwelt die Kurve.

Tonlage

Dynamisch, schnell und vielfältig

Wagen Sie mit der Wortwelt „Verkehr" ruhig mal einen Tempowechsel!

Genauso rasant, wie es manchmal auf der Autobahn zugeht, wirken auch die Wörter und Wendungen der Wortwelt „Verkehr". Sie bringen Ihren Text auf Hochtouren und Ihre Leser zum Staunen. Doch Vorsicht: Wenn Sie Ihren Text in Fahrt bringen, dann muss auch der Inhalt dynamisch und abwechslungsreich sein. Für eine Abhandlung über die Jahreshauptversammlung des örtlichen Schützenvereins oder den alljährlichen Seniorentreff gibt's treffendere Sprachbilder. Ein Tempowechsel im Text ist erlaubt –

wie auf der Autobahn: Dort beschleunigen Sie, werden ab und an zum Abbremsen gezwungen, Sie legen Zwischenstopps ein, um danach wieder voll durchzustarten. Doch gestalten Sie solche Tempo-wechsel nicht zu rasant, sonst kommt Ihr Text ins Schleu-dern und wirft Ihre Leser aus der Bahn.

Viele Wendungen spiegeln die technische Entwicklung wider.

Spannend: Auch die technische Entwicklung spiegelt sich in dieser Wortwelt wider. So ist „das Geschäft ankurbeln" ein belassenes Bild aus der Frühzeit des Automobils. Ganz aktuell allerdings die Wendung „in der Poleposition sein", die mit der Formel-1-Euphorie in den Sprachgebrauch rutschte.

Beispiele aus Literatur und Presse

„Die Liebe ist so unproblematisch wie ein Fahrzeug. Problematisch sind nur die Lenker, die Fahrgäste und die Straße."
Franz Kafka

„Er erwartete es nie, dachte aber, er würde sie in eine Sack-gasse führen."
Mark Twain, Erzählungen eines Hundes, Kapitel I

„Weltgemeinschaft fordert Iran zum Einlenken auf."

„Freie Fahrt für Unternehmensfusionen."

„Air Berlin will sparen und gleichzeitig durchstarten."

Beispiele

Quelle: Handelsblatt,
18.06.07, S. 16f.

ERFOLG AUF DIE SCHIENE GEBRACHT.
VTG-GRUPPE.

Quelle: ADAC Motorwelt,
12/07, S. 32.

Ratenkredit
Gas geben mit
niedrigen Kreditzinsen

Quelle: Der Spiegel, 49/07,
S. 66.

FINANZKRISE

Banken auf der Bremse

den A... ...gen der US-Hypoth... kris... treffen nun auch das Herz d...

Quelle: Der Spiegel, 50/07,
S. 69.

KONZERNE

Zetsche drückt aufs Tempo

Dieter Zetsche hat ehrgeizige Ziele für den ...

Quelle: Der Spiegel, 49/07,
S. 153.

ARD

Harald Schmidt bremst Rundfunkrat aus

...m Trick hat NDR-Fernse...

Quelle: Augsburger
Allgemeine, 15.12.07, S. 2.

Sand im Getriebe
der CSU-Spitze

Die geben Vollgas

Flach, derb, cool – Biker-Boots beschleunigen Ihr Outfit modisch von null auf hun

Quelle: InStyle, Oktober
2007, S. 182.

Wichtige Wendungen auf einen Blick:

Im Stadtverkehr

in der Spur bleiben	in einer Sackgasse landen	grüne Welle

Auf der Rennstrecke

Gas geben	einen Gang zurückschalten	ausgebremst werden
voll durchstarten	den Turbo einlegen	die Kurve kriegen
neben der Spur sein	ins Ziel kommen	einen Gang zulegen
die Ausfahrt verpassen	am Start sein	

Auf den Schienen

die Notbremse ziehen	die Weichen auf Erfolg stellen	der Zug ist abgefahren
im falschen Zug sitzen	höchste Eisenbahn	auf dem Abstellgleis

Andere Verkehrs- und Lebenslagen

Leben auf der Überholspur	das ist längst überholt	in die Gänge kommen
in Schieflage geraten	ausgetretene Pfade verlassen	in Fahrt kommen
freie Fahrt	Rost ansetzen	das fünfte Rad am Wagen sein
losdonnern	Blitzstart	beschleunigen
einlenken	abbremsen	ankurbeln
Schmalspur-	Zwischenstopp	auftanken
Totalschaden	Pannenhelfer	Lenker
Ampelkoalition	Schneckentempo	auf Talfahrt sein
rund laufen	gut / schlecht fahren mit etw.	etw. geht spurlos an jmdm. vorbei

Wörter und Wendungen

Bahn frei für den Lexikonteil!

Im Stadtverkehr: Ausfahrt verpasst, da schaltet die

Auf den Schienen: Die Notbremse ziehen, die

Ampel auf Rot, grüne Welle, Starthilfe benötigen, Starthilfe geben, Sicherheitsgurt anlegen, in der Spur bleiben, die Spur wechseln, in einer Sackgasse stecken, jmdm. ein Stoppschild hinhalten

Weichen stellen, der Zug ist abgefahren, nur Bahnhof verstehen, auf den fahrenden Zug aufspringen, im falschen Zug sitzen, höchste Eisenbahn, aufs falsche

Bestens geeignet, um z. B. einen Projektverlauf zu beschreiben.

Auf der Rennstrecke: Gas geben, einen Gang zurückschalten, ausgebremst werden, die Ziellinie überqueren, voll durchstarten, ins Ziel kommen, den Turbo einlegen, die Kurve kriegen, ins Schlingern kommen, das Gaspedal durchtreten, am Start sein, neben der Spur sein, auf der Strecke bleiben, einen Gang zulegen, über das Ziel hinausschießen

Gleis geraten, jmdn. aufs Abstellgleis schieben

Sonstige Verkehrs- und Lebenslagen: Das ist längst überholt, in die Gänge kommen, in Schieflage geraten, rund laufen, ausgetretene Pfade verlassen, in Fahrt kommen, freie Fahrt, Rost ansetzen, Motor ist noch kalt, gut geschmiert, auf Talfahrt sein, auf der Straße sitzen, einen Gang zulegen, einen Gang zurückschalten, das fünfte Rad am Wagen, mit etw. gut fahren, mit etw. schlecht fahren, dazwischenfahren, auf jmdn. abfahren, auf etw. abfahren, aus der Haut fahren, abgefahren sein, jmdn. an den Karren fahren, sich nicht vor jmds.

Wagen / Karren spannen lassen, Sand im Getriebe, nur ein Rädchen im Getriebe sein

Mit Tempo 100: Losdonnern, Blitzstart, überrunden, beschleunigen, Temposünder

Mit Tempo 50: Einlenken, abbremsen, ankurbeln, Einbahnstraße, Schmalspur, Geisterfahrer

Tacho auf Null: Zwischenstopp, auftanken, Totalschaden, Pannenhelfer, Lenker, Sackgasse, Trittbrettfahrer, Schneckentempo

Ich verstehe nur Bahnhof

„Ich verstehe nur Bahnhof" ist eine gängige umgangssprachliche Wendung. Mit ihr drückt man aus, dass man etwas ganz und gar nicht verstanden hat.

Warum man manchmal nur „Bahnhof versteht".

Ursprünglich wurde die Redewendung von Soldaten im Ersten Weltkrieg gebraucht. Der Bahnhof war für sie ein Symbol für die Heimreise. Nach den entbehrungsreichen Fronterlebnissen wurde die Sehnsucht nach der Heimat immer stärker. Jedes Gespräch, das sich nicht um die Heimreise drehte, wurde mit „Ich versteh' nur Bahnhof" abgebrochen. Die Soldaten konnten an nichts anderes mehr denken als an die Heimreise und damit gleichbedeutend auch nichts anderes mehr verstehen als: Bahnhof.

Ihre Notizen:

....

....

Kapitel 13

Wetter und Natur

„Börsenmärkte: Trügerische Ruhe vor dem Sturm."

„Das ultimative Fußball-Managerspiel von T-Online hat in der fußballbegeisterten Internetgemeinde eingeschlagen wie ein Blitz."

Zum Einstieg ...

Wenn von konjunkturellem Tauwetter, einem frostigen Klima oder von Windeseile die Rede ist, befinden wir uns mitten in der Wortwelt des Wetters und der Natur. Da gibt es sonnige Gemüter und Schnee von gestern. Eine ganze Flut von Wörtern und Wendungen bringt frischen Wind in Ihre Texte. Wie Sie Ihre Leser im Sturm erobern, lesen Sie auf den folgenden Seiten.

Erklärung

Natur-Metaphern – wie Sand am Meer

Das Wetter sorgt
immer für
Gesprächsstoff.

Und wie ist das Wetter bei Ihnen? Kein Thema ist so beliebt wie das Wetter. Ob beim Small Talk im Büro oder

bei einem gemütlichen Beisammensein mit Freunden: Das Wetter sorgt immer für Gesprächsstoff. Kein Wunder, dass sich eine ganze Reihe an Redewendungen in unserem Wortschatz etabliert hat. Längst sind Wetter-Metaphern fester Bestandteil unserer Sprache geworden.

Tonlage

Auf gut Wetter machen

Jede Wetterlage hat
ihren Charakter.
Welche passt zu Ihrem
Produkt?

So wechselhaft wie das Wetter eben ist, so unterschiedlich ist auch die dazugehörige Wortwelt. Je nachdem ob das Barometer gerade auf Sturm steht oder jemandem die Sonne im Herzen aufgeht: Die Bandbreite geht von düster, bedrohend bis lebendig und heiter.

Schlechtes Wetter sollten Sie in Ihren Texten jedoch mit Vorsicht verwenden. Nicht umsonst passieren in Hollywood-Filmen Morde und Horrorszenen nie bei eitel Sonnenschein. Da kommen plötzlich Gewitter auf oder es regnet und stürmt. Wie Sie mit gutem Wetter im Text

tatsächlich gut Wetter machen oder den Wind des Wandels wehen lassen, zeigen die folgenden Beispiele.

Beispiele aus Literatur und Presse

„Der Dirigent ist als Magier am Werk. Er hält seine Hände beschwörend hoch, bis die Musik wetterleuchtet und donnert."
Ingeborg Bachmann

„Wenn der Wind des Wandels weht, bauen die einen Schutzmauern, die anderen bauen Windmühlen."
Chinesische Weisheit

„Menschen, welche rasch Feuer fangen, werden schnell kalt und sind daher im Ganzen unzuverlässig."
Friedrich Nietzsche

Nicht nur Scarlett O'Hara und Rhett Butler waren wie vom Winde verweht. In der Literatur trifft man immer wieder auf Wetter-Metaphern.

Beispiele

Bei dramatischen Ereignissen verwenden wir besonders gerne die Wortwelt „Wetter und Natur" und lassen dunkle Wolken aufziehen.

Quelle: sueddeutsche.de, 22.10.07, www.sueddeutsche.de/ wirtschaft/artikel/465/139176/

> **Bertelsmann-Stiftung**
> ## Dunkle Wolken über der Denkfabrik
> Die Bertelsmann-Stiftung gilt als eine der einflu...
> Staatsanwaltschaft gegen ...

> # CSU läuft gegen Erbschaftsteuerreform Sturm
> ...flügel fordert erhebliche Nachbesserungen – Vor allem Unternehmen sollen stär...

Quelle: Die Welt, 12.12.07, S. 2.

Wörter und Wendungen

Mit der Wortwelt „Wetter und Natur" erobern Sie Ihre Leser im Sturm.

In stürmischen Zeiten: In vielen Stürmen erprobt sein, die Ruhe vor dem Sturm, ein Sturm im Wasserglas, Sturm läuten, die Zeichen stehen auf Sturm, das Barometer steht auf Sturm, gegen etw. Sturm laufen, im Sturm erobern, der Sturm hat sich gelegt, im Auge des Sturms, stürmischer Empfang, im Zentrum des Sturms, Herzen im Sturm erobern, sturmfreie Bude haben

Wenn es windig wird: In den Wind schlagen, von etw. Wind bekommen, in den Wind schießen, etw. in den Wind schreiben, jetzt weht ein anderer Wind, das Fähnchen nach dem Wind dre-

hen, frischen Wind bringen, wie ein schwankendes Rohr im Wind, den Wind aus den Segeln nehmen, es weht ein

rauer Wind, daher weht der Wind, der Wind hat sich gedreht, kein Lüftchen regt sich, es weht ein eisiger Wind, durch den Wind sein, in den Wind reden, etw. zehn Meilen gegen den Wind riechen, Wind machen (um nichts), im Aufwind

Wichtige Wendungen auf einen Blick:

In stürmischen Zeiten

in vielen Stürmen erprobt	die Ruhe vor dem Sturm	die Zeichen stehen auf Sturm
der Sturm hat sich gelegt	stürmischer Empfang	

Wenn es windig wird ...

den Wind aus den Segeln nehmen	jetzt weht ein anderer Wind	das Fähnchen nach dem Wind drehen
in den Wind schlagen	es weht ein rauer Wind	bei Wind und Wetter
im Aufwind sein	Windeseile	

Für sonnige Texte

übers ganze Gesicht strahlen	ein sonniges Gemüt haben	auf der Sonnenseite stehen

Schattig

jmdn. in den Schatten stellen	auf der Schattenseite	seine Schatten voraus- werfen

Eiskalt

Schnee von gestern	eisiger Empfang	kalte Stimmung
eine Lawine ins Rollen bringen	kalte Füße bekommen	einen kühlen Kopf bewahren
hereinschneien	Eiszeitstimmung	eisglatt / eiskalt

Sonstige Wetter-Wörter

(konjunkturelles) Tauwetter	Blitzlichtgewitter	blitzschnell
Frühlingsgefühle	Kaiserwetter	frostiges Klima

sein, schnell wie der Wind, etw. liegt in der Luft, aus der Luft gegriffen, sich in Luft auflösen, die Luft wird dünn, in die Luft fliegen, die Luft ist rein, frische Luft schnappen, für jmdn. Luft sein, es herrscht dicke Luft, in der Luft hängen

Welche Wetterlage passt zu Ihrem Text?

Für sonnige Texte: Die Sonne in sein Herz lassen, das Land der aufgehenden Sonne, über's ganze Gesicht strahlen, sonniges Gemüt, die Sonne bringt es an den Tag, auf der Sonnenseite des Lebens stehen

Schattig: Jmdn. / etw. in den Schatten stellen, Schattenseite (des Lebens), über den eigenen Schatten springen, seine Schatten vorauswerfen, Kurschatten, jmdm. folgen wie ein Schatten, ein Schatten seiner selbst, in jmds. Schatten stehen

Eiskalt: Schnee von gestern, Frostbeulen bekommen, eisiger Empfang, kalte Stim-

mung, frostiges Klima, jmdn. kalt lassen, kalte Füße be-

kommen, eiskalt erwischt werden, jmdn. kaltmachen, eine kalte Dusche, jmdm. die kalte Schulter zeigen, es läuft jmdm. kalt den Rücken herunter, Sprung ins kalte Wasser, einen kühlen Kopf bewahren, mit eisiger Miene, sich freuen wie ein Schneekönig, Blechlawine, eine Lawine ins Rollen bringen

Nebelig: Sich bedeckt halten, nebulöse Umstände, benebelt sein, etwas vernebeln, der Nebel lichtet sich, im Nebel stochern, bei Nacht und Nebel

Blitz und Donner: Einschlagen wie ein Blitz, wie vom Donner gerührt sein, wie vom Blitz getroffen, schnell wie der Blitz, jmdn. abblitzen lassen, ein Donnerwetter erleben, etw. wie der Blitz erledigen, jmdn. zu etw. verdonnern

Bei Wind und Wetter:
Jmdn. im Regen stehen lassen, vom Regen in die Traufe, ein Gesicht wie sieben Tage Regenwetter, Wind und Wetter trotzen, bei Wind und Wetter, auf gut Wetter machen, prima Klima, erdrutschartige Verluste, es hagelt Vorwürfe, auf Wolke sieben schweben, eine Flut von …, in der Morgenröte des Lebens, die Natur der Sache, von Natur aus

Wolkig und himmlisch:
Auf Wolken schweben, auf Wolke sieben schweben, aus allen Wolken fallen, über den Wolken schweben, eine dunkle Wolke hängt über jmdm. / etw., den Kopf in den Wolken tragen, das schreit zum Himmel, dich schickt der Himmel, das stinkt zum Himmel, wie im Himmel, etw. fällt nicht einfach vom Himmel, den Himmel auf Erden haben / versprechen, Geschenk des Himmels, im siebten Himmel schweben, aus heiterem Himmel, das Blaue vom Himmel versprechen

Wenn es eisig wird: Eisglatt, eiskalt, hereinschneien, Eiszeitstimmung, Schneeballsystem, etw. auf Eis legen, die Spitze des Eisbergs

Wenn es schnell gehen muss: Blitzschnell, Windeseile, blitzgescheit, Geistesblitz

Weitere Wetter-Wörter:
Konjunkturelles / politisches Tauwetter, Blitzlichtgewitter, blitzblank, Frühlingsgefühle, Kaiserwetter

Ideal, um Stimmungen darzustellen.

Sich freuen wie ein Schneekönig

Wer ist eigentlich dieser „Schneekönig"?

Wer seiner Freude über etwas freien Lauf lässt, der freut sich bekanntlich wie ein Schneekönig. Doch wer ist das eigentlich? Sitzt er irgendwo auf einem Eisthron und bestimmt über Schnee und Eis?

Der Schneekönig ist keiner Sage und keinem Märchen entsprungen. Schneekönig wird synonym für den Singvogel Zaunkönig verwendet. Der macht sich – im Gegensatz zu den meisten anderen Singvögeln – nämlich nicht gen Süden auf. Er bleibt auch im Winter in Mitteleuropa und erfreut uns mit seinem fröhlichen Gesang. Und weil sich der Zaunkönig beim Singen so anhört, als würde er sich freuen, ist diese bekannte Redensart entstanden. Der Schneekönig gehört also auf den zweiten Blick eher in die Wortwelt der Tiere – aber eben nur auf den zweiten.

Praxistipp: Diese Wortwelt wirkt oft sehr poetisch. Das ist gut in literarischen Werken und wirkt mal so, mal so im Verkaufstext.

Praxistipp Wetter und Natur

Wenn Sie in Ihren Texten die Wortwelt „Wetter und Natur" verwenden, achten Sie darauf, dass es nicht zu poetisch wird. Dass der Wind des Unglücks weht, passt vielleicht in ein Gedicht oder einen Roman. In anderen Texten sind zu literarische Ausdrücke fehl am Platz.

Noch ein Tipp: Setzen Sie die Wetter-Wörter maßvoll ein. Wenn es in Ihren Texten bei Nacht und Nebel blitzschnell eine Flut von Vorwürfen hagelt, haben Sie wohl übertrieben.

Kapitel 14

Zahlen und Mathematik

„Gerichtsbeschluss: Zahltag für Abzocker."

„Das Einmaleins des neuen Reisekostenrechts."

„Damit die Rechnung aufgeht: Bäurer kauft Software-Hersteller."

Zum Einstieg ...

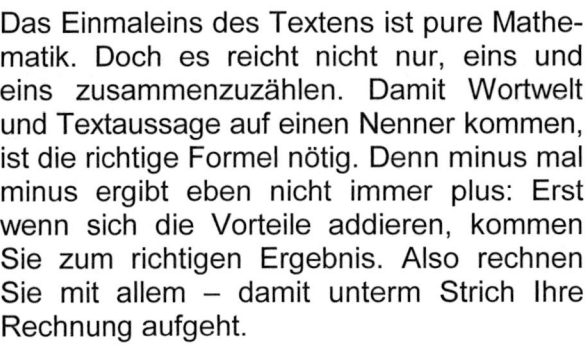

Das Einmaleins des Textens ist pure Mathematik. Doch es reicht nicht nur, eins und eins zusammenzuzählen. Damit Wortwelt und Textaussage auf einen Nenner kommen, ist die richtige Formel nötig. Denn minus mal minus ergibt eben nicht immer plus: Erst wenn sich die Vorteile addieren, kommen Sie zum richtigen Ergebnis. Also rechnen Sie mit allem – damit unterm Strich Ihre Rechnung aufgeht.

Erklärung

Zahlen, bitte!

Neutral, distanziert, aber immer korrekt: die Wortwelt „Zahlen und Mathematik".

In unserem alltäglichen Sprachgebrauch tummeln sich zahlreiche Begriffe und Redewendungen aus der Welt der Mathematik. Denn Zahlen gehen Hand in Hand mit Fakten. Wenn wir also die Zahlen sprechen lassen, bedienen wir uns der Wortwelt „Zahlen und Mathematik".

Tonlage

Lassen Sie die Zahlen sprechen …

Begriffe aus der Welt der Zahlen betonen die sachliche Seite Ihrer Botschaft.

Die Zahlensprache wirkt im wahrsten Sinne des Wortes berechnend. Sie ist nüchtern, rational und zeigt, was kühl kalkuliert wurde. Diese Wortwelt betont die sachlichen Punkte Ihres Angebots. Sie sorgt für Klarheit, wenn Sie Vor- und Nachteile gegeneinander abwägen. Gleichzeitig verschafft die mathematische Wortwelt Ihrem Text mehr Seriosität. Es hat etwas Unbestechliches an sich, wenn Sie „die Zahlen sprechen lassen". Deshalb und gerade im Zusammenhang mit Statistiken und Bilanzen werden diese Redewendungen gerne gebraucht. Richtig eingesetzt sprechen die Zahlen nicht nur für sich selbst, sondern auch für Sie und Ihr Produkt – darauf können Sie zählen.

Beispiele aus Literatur und Presse

„Das Glück ist ein Plus, aber ein Plus in der xten Potenz."
Karl Grün

Beispiele

„Altpreußischer Durchschnitt, summa summarum, es drehte sich immer um Lirum Larum."
Theodor Fontane

Quelle: Focus, 50/07, S. 106.

Ein Bild in Schieflage. Die Geschichte dahinter: Kostet der Baubeginn der Dresdner Waldschlösschenbrücke das Dresdner Elbtal den Titel „Unesco-Welterbe"?

Köhler rechnet mit Managern ab
Bundespräsident warnt vor Gefährdung des sozialen Friedens wegen überhöhter Gehälter

Weil es hier um Gehälter und „harte" Zahlen und Fakten geht, kann der Bundespräsident im wahrsten Sinne des Wortes auch „abrechnen".

Quelle: Welt Kompakt, 29.11.07, S. 1.

Wörter und Wendungen

Zum Nachlesen und Nachschlagen: Wendungen aus der Welt der Mathematik.

Rede-Formeln: Summa summarum, Pi mal Daumen, die Wurzel allen Übels, die unbekannte Variable, plus / minus null, Lehrgeld zahlen, nur die Liebe zählt, gemeinsamer Nenner, eins a, wie eine Eins dastehen

Mathematik und Rechnereien: Jmdm. eine Rechnung aufmachen, die Rechnung geht auf, mit jmdm. / etw. (nicht) rechnen, mit jmdm. abrechnen, das rechnet sich nicht, berechenbarer Mensch, eine alte Rechnung begleichen, mit spitzer Feder rechnen, einen Strich durch die Rechnung machen, die Rechnung ohne etw. / jmdn. gemacht haben, berechnend sein, eins und eins zusammenzählen, unterm Strich bleibt, etw. summiert sich, auf jmdn. / etw. zählen, dafür muss er zahlen, etw. ver-

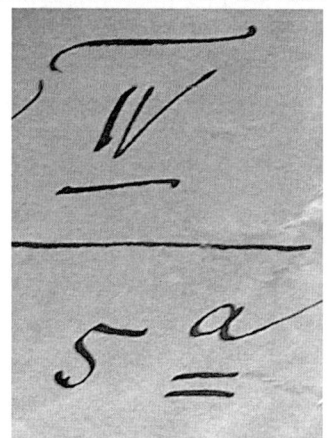

Fingern abzählen, höhere Mathematik sein, nicht bis drei zählen können, schwarze Zahlen schreiben, in den roten Zahlen liegen, die Nummer eins sein, sich verkalkulieren, fragen kostet nichts, etw. kostet nicht die Welt, sich eine Sache etw. kosten lassen, koste es, was es wolle

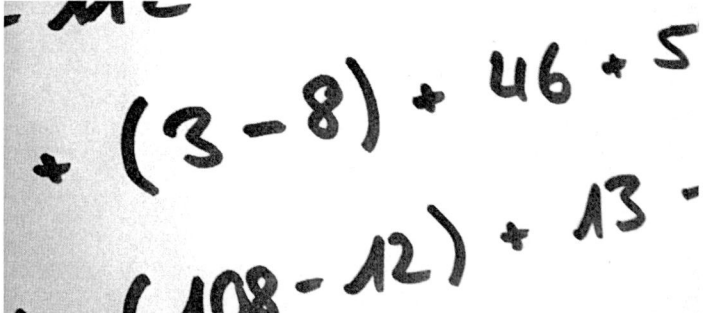

vielfach sich, die richtige Formel, das Einmaleins des Textens, minus mal minus ergibt plus, etw. an zehn

Niente: Bei null anfangen, eine Null sein, die Stunde null, Null-Bock-Generation, in null Komma nichts,

Wichtige Wendungen auf einen Blick:

Das kleine Einmaleins

Pi mal Daumen	etw. aufrunden	in den roten Zahlen liegen
Lehrgeld zahlen	etw. an zehn Fingern abzählen können	eins a
wie eine Eins dastehen	eins und eins zusammenzählen	schwarze Zahlen schreiben
etw. rechnet sich nicht	auf jmdn. zählen	die Nummer 1 sein
das Einmaleins des Textens	höhere Mathematik	

Zahltag

bei null anfangen	eine Null sein	die Stunde null
08/15	in null Komma nichts	

Höhere Mathematik

minus mal minus ergibt plus	dafür muss jmd. zahlen	etw. summiert sich
mit jmdm. abrechnen	berechnend sein	plus / minus null
etw. vervielfacht sich	mit spitzer Feder rechnen	die unbekannte Variable
sich verkalkulieren	die richtige Formel	die Rechnung geht auf
ein gemeinsamer Nenner		

Zahlen, bitte!

eine alte Rechnung begleichen	jmdm. einen Strich durch die Rechnung machen	einen Schlussstrich ziehen

08/15 (nullachtfünfzehn), null und nichtig, gleich null sein, zum Nulltarif, den Nullpunkt erreichen

Zahltag: Zahllos, zahlreich, aufgerundet, teilen

Hat hier jemand einen Strich durch die Rechnung gemacht?

„Einen Strich durch die Rechnung machen": Woher kommt diese Redewendung?

So ein Ärger! Alles geplant, aufgelistet und durchdacht und dann macht mir jemand einen Strich durch die Rechnung. Alles dahin.

Eines ist beruhigend: Mit diesem Problem haben sich vor uns schon andere herumgeschlagen. Die Schüler in früheren Zeiten nämlich. Wenn sie sich verrechneten, zogen die Lehrer kurzerhand einen Strich durch die Rechnung. Und die Schüler durften von vorne anfangen. Damals war es auch durchaus üblich, eine beglichene Rechnung auf diese Art und Weise zu markieren. Wenn ein Strich durch eine Rechnung gemacht wird, bedeutet das also, die Zahlung ist bereits getätigt, bleibt aus oder die Rechnung muss neu erstellt werden.

Praxistipp: Wörter und Wendungen dieser Wortwelt wirken seriös.

Praxistipp Mathematik

Wer die Zahlen sprechen lässt, braucht nicht lange herumzureden. Wörter und Wendungen dieser Wortwelt geben das Gefühl, dass die Rechnung stimmt. Oder auch nur so getan wird, als sei klar und sachlich abgerechnet: Wenn wir „nicht wissen" in „unbekannte Variablen" umtaufen, klingt das doch gleich viel eleganter.

Kapitel 15

Zu Tisch – Kochen und Essen

„Geschmackvolle Einrichtung im neuen Steakhaus."

„Teamchef kocht vor Wut über abgebrühte Gegenspieler."

Zum Einstieg …

Ein kleiner sprachlicher Appetithappen kann Ihrem Text die richtige Würze verleihen – gerade wenn er aus dem kulinarischen Bereich kommt. Wie Sie hier die richtigen Zutaten mischen, ohne sich und dem Leser die Suppe zu versalzen, zeigt die Wortwelt „Zu Tisch".

Erklärung

Das schmeckt Ihrem Leser

Texten ist wie Kochen: Hier ist Ihr Erfolgsrezept!

Zwischen Texten und Kochen gibt es viele Parallelen. Manche Texte sind für die Leser schon nach einer Kostprobe gegessen. Aber hinter anderen Texten scheint ein klares Erfolgsrezept zu stecken. Zum Beispiel in vielen Kommentaren: Da sind Fakten gewürzt mit Anekdoten, garniert mit kleinen Seitenhieben, so dass ein schöner, bissiger Text entsteht. Auch wenn letztendlich jeder Texter nur mit Wasser kocht: Mit dieser Wortwelt können Texte entstehen, an denen sich Ihre Leser nie sattlesen werden.

Tonlage

Beweisen Sie guten Geschmack

In dieser Wortwelt geht es vor allem um guten Geschmack. Essen und Trinken: Beides kann ein Hochgenuss sein. Und genau dieses Gefühl soll möglichst auf den Text übertragen werden. Das heißt jedoch nicht, dass Sie Themen und Floskeln, die längst durchgekaut sind, verwenden sollten. Regen Sie Ihren Leser an und machen Sie Ihr Angebot schmackhaft. Schließlich heißt es doch: Das Auge isst mit.

Achten Sie bei der Wortwahl auf den Geschmack Ihrer Zielgruppe.

Allerdings schmeckt die Haute Cuisine nicht jedem. Wie etwas wirkt, hängt dabei stark vom Leser selbst ab. Manche mögen lieber Hausmannskost – andere wiederum präferieren das 5-Gänge-Menü. Das gilt textlich wie auch kulinarisch. Je nach Zielgruppe sollten Sie also auf Hors d'œuvre und Dessert verzichten und lieber Vorspeise und Nachtisch servieren.

Beispiele aus Literatur und Presse

„Ein vergnügtes Herz war die Würze jeder ländlichen Mahlzeit, und verschönerte ihre ruhigen Abendspaziergänge."
Friedrich Nicolai, Sebaldus Nothanker

Beispiele

„Konstruktivismus, Rationalismus und die Theorie internationaler Beziehungen – Warum empirisch nichts so heiß gegessen wird, wie es theoretisch gekocht wurde."

„Es dampft und köchelt mal wieder kräftig in der Gerüchteküche rund um das Online-Rollenspiel Addon."

„Die meisten japanischen Autohersteller lassen nichts anbrennen und bringen regelmäßig ca. alle 4-5 Jahre neue Modelle auf den Markt."

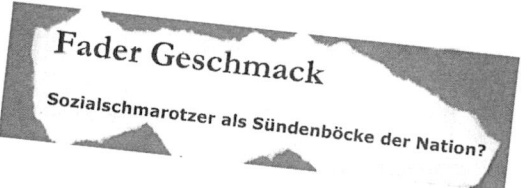

Fader Geschmack

Sozialschmarotzer als Sündenböcke der Nation?

Quelle: Die Zeit, 43/05, www.zeit.de/2005/43/ Kolumne

```
Wenn  uns  etwas  nicht  passt,  drücken  wir  unseren
Unmut häufig mit dieser Wortwelt aus.
```

MORDSAPPETIT AUF NACHWUCHS :: Weil die Nachfrage nach Beratungsprojekten sprung

Quelle: FAZ Hochschulanzeiger, Nr. 88, Januar 07, S. 28.

```
Schön  gedacht,  falsch  geschrieben.  Wir  wollen
uns  gar  nicht  vorstellen,  was  hier  bei  wortwört-
licher Deutung geschehen würde ...
```

Öffentlicher Dienst

Wulff für ordentlichen Schluck aus der Lohn-Pulle

Niedersachsens Ministerpräsid... Wulff h... h für ein spürbares ...-Plus f...

Quelle: sueddeutsche.de, 10.01.08, www.sueddeutsche.de/ deutschland/ artikel/104/151722/

Wörter und Wendungen

Appetit auf mehr
Wörter und
Wendungen?

In der Küche: Viele Köche verderben den Brei, jmdm. in den Topf gucken, nichts anbrennen lassen, vor Wut kochen, gut durch, etw. brodelt, die Mischung macht's, ein Patentrezept haben, garniert mit, flambiert serviert, abserviert werden, jmdn. abservieren, in Teufels Küche kommen, sein eigenes Süppchen kochen, etw. auf kleiner Flamme kochen, auch nur mit Wasser kochen, jmdn. zum Kochen bringen, den Mund wässrig machen, das Gelbe vom Ei, löchrig wie Schweizer Käse, etw. schmeckt jmdm. (nicht), mit Biss, den richtigen Biss haben, den Gaumen kitzeln, in Champagnerlaune sein, mit jmdm. ist gut Kirschen essen, das juckt mich nicht die Bohne, es geht um die Wurst

Schwer verdaulich: Um den heißen Brei reden, etw. durchkauen, etw. liegt schwer im Magen, jmdm. die Butter vom Brot nehmen, wie die Katze um den heißen Brei schleichen, so ein Käse, der Käse ist gegessen, den Brotkorb höher hängen, etw. für ein Butterbrot verkaufen, ein Haar in der Suppe finden, sein Fett wegkriegen, schwere Kost, jmdm. in die Suppe spucken, ins Fettnäpfchen treten

Prost! Zu tief ins Glas schauen, die Korken knallen lassen, Sekt oder Selters, Wermutstropfen, jmdm. reinen Wein einschenken

Scharf wie Chili: Etw. gibt die Würze, da ist Pfeffer

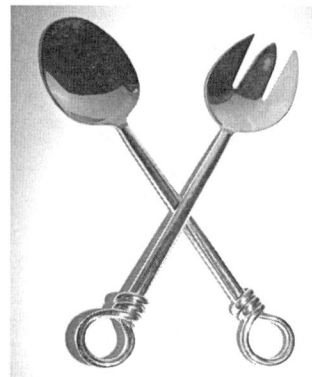

drin, die Suppe versalzen, scharf wie Chili, in der Kürze liegt die Würze, gepfefferte / gesalzene Preise, Würze dazugeben / verleihen, jmdn. dahin wünschen, wo der Pfeffer wächst, jmdm. eine pfeffern, jmdm. Salz in die Wunde streuen, scharf nachdenken

„Zu Tisch!": Tischlein, deck dich, am grünen Tisch, mit der Faust auf den Tisch schlagen / hauen, jmdn. unter den Tisch trinken, etw. fällt unter den Tisch, jmdn. über den Tisch ziehen, jmdn. etw. auftischen wollen, etw. ist noch nicht vom Tisch, sich mit jmdm. an

Wichtige Wendungen auf einen Blick:

In der Texter-Küche

nichts anbrennen lassen	etw. brodelt	Gerüchteküche
die Mischung macht's	ein Patentrezept haben	etw. ist garniert mit ...
abservieren	in Teufels Küche kommen	sein eigenes Süppchen kochen
etw. auf kleiner Flamme kochen	auch nur mit Wasser kochen	jmdn. zum Kochen bringen

Guten Hunger

etw. durchkauen	etw. liegt schwer im Magen	jmdm. die Butter vom Brot nehmen
ein Haar in der Suppe finden	etw. ist schwere Kost	ins Fettnäpfchen treten
schwer verdaulich	den Mund wässrig machen	das Gelbe vom Ei
mit Biss	den richtigen Biss haben	in Champagnerlaune sein

Prost

reinen Wein einschenken	die Korken knallen lassen	Wehrmutstropfen

Geschmackssache

die Suppe versalzen	gepfefferte / gesalzene Preise	Würze dazugeben
messerscharf	jmdm. etw. auftischen	auf dem Präsentierteller
über den Tellerrand schauen	auf den Geschmack kommen	etw. hat einen schlechten Beigeschmack
etw. schmackhaft machen	Geschmack beweisen	Kostprobe
Nachschlag	Feinschmecker	Hausmannskost

einen Tisch setzen, runder Tisch, das Tischtuch zerschneiden

Küchen-Utensilien: Wie Topf und Deckel zusammenpassen, alles in einen Topf werfen, die Weisheit mit Löffeln fressen, den Löffel abgeben, auf dem Präsentierteller, jmdn. ans Messer liefern, jmdm. das Messer auf die Brust setzen, ins offene Messer laufen, jmdm. geht das Messer in der Tasche auf, unter das Messer kommen, jmdn. aufgabeln, das Tafelsilber verkaufen, über den Tellerrand schauen, auf Messers Schneide, der Weg gabelt sich

Geschmackssache: Auf den Geschmack kommen, etw. hat einen schlechten Beigeschmack, Nachgeschmack, jmdm. etw. schmackhaft machen, Geschmack beweisen

Kleiner Nachschlag: Auftafeln, Nachschlag, Kostprobe, bierernst, Meisterkoch, Gerüchteküche, Käseblatt, Geschmackssache, Feinschmecker, messerscharf, Erbsenzählerei, rumeiern, Patentrezept, etw. satt haben

Geschmackssache: Darf's ein bisschen Senf sein?

Wieso man nicht nur zum Essen seinen Senf dazugibt ...

Einige Mitmenschen sagen ja gern mal ungefragt ihre Meinung zu einem Thema. Oder mischen sich mal eben in ein Gespräch ein. Das ist dann nicht gerade angenehm. Sie geben einfach ihren Senf dazu – egal, ob man das überhaupt möchte.

Doch warum heißt es gerade „Senf" und nicht „Ketchup" oder „Mayonnaise"? Nun, die Redensart stammt aus dem 17. Jahrhundert. Damals war Senf ein teures Gewürz. Unter Gastwirten galt er als beliebtes Mittel, einfache Speisen kulinarisch aufzuwerten. So gaben sie an jedes Essen einfach Senf dazu – selbst wenn dieser geschmacklich gar nicht dazu passte oder vom Gast gewünscht war. Dies war natürlich so unangenehm wie manch ungebetener Rat.

Kapitel 16

Medizin und Gesundheit

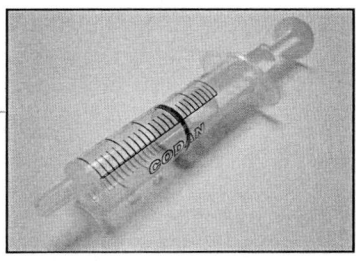

„… die bittere Pille schlucken."

„… feiern, bis der Arzt kommt."

„Beruflich fit dank Vitamin B."

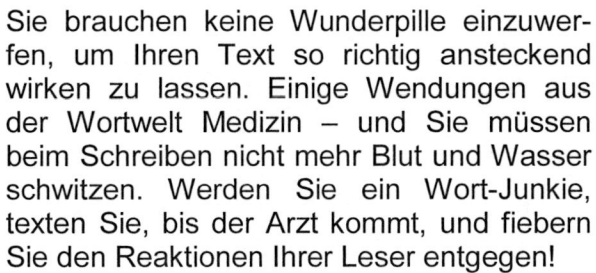

Zum Einstieg …

Sie brauchen keine Wunderpille einzuwerfen, um Ihren Text so richtig ansteckend wirken zu lassen. Einige Wendungen aus der Wortwelt Medizin – und Sie müssen beim Schreiben nicht mehr Blut und Wasser schwitzen. Werden Sie ein Wort-Junkie, texten Sie, bis der Arzt kommt, und fiebern Sie den Reaktionen Ihrer Leser entgegen!

Erklärung

Was „gesund" oder „krank" macht

Vom Lottofieber bis zur Finanzspritze: In der „Medizin" finden sich Wendungen und Wörter, die krank oder gesund machen.

Die Wortwelt Medizin greift alle Begriffe rund um Gesundheit, Krankheit und Heilung auf. Diese Themen waren zu allen Zeiten für die Menschen von größter Bedeutung und schlagen sich in vielen Redewendungen unserer Sprache nieder. Durch die ständig wachsenden Möglichkeiten der Medizin für die älter werdende Bevölkerung und die boomende Fitness- und Wellness-Bewegung liegen Sie mit Begriffen aus dieser Wortwelt am Puls der Zeit. Doch achten Sie darauf, dass Ihr Text nicht wie ein kranker Gaul daherkommt!

Nicht vergessen: Auch bei „Körper" nachsehen.

Mit Sprachbildern aus Medizin und Gesundheit bekommen Texte oft mehr Körperlichkeit, zielen auf ein Wohlbefinden oder zumindest auf das „Sich-selbst-Fühlen", ob nun positiv oder negativ: Wenn wir kalte Füße bekommen oder vor einer Sache Bauchschmerzen haben. Ganz klar, dass es viele Ähnlichkeiten und eine große Nähe zur Wortwelt „der menschliche Körper" gibt. Und wenn Sie auf der Suche nach der geeigneten Metapher sind, lohnt sich auch ein Blick dorthinein. Hier in der „Medizin" finden Sie erst einmal alles, was gesund oder krank macht.

Tonlage

Akademisches Augenzwinkern

Die Wortwelt Medizin kann Ihrem Text einen wissenschaftlichen Anstrich geben. Wenn Sie etwas nicht vor Ort, sondern ambulant erledigen, statt sinnlose Arbeit zu verteilen, eine Beschäftigungstherapie verordnen, oder die Risiken und Nebenwirkungen untersuchen, statt nur Bedenken zu äußern, klingen Ihre Aussagen plötzlich ganz abgehoben – mit einem ärztlichen Augenzwinkern.

Körperlich spürbar

Wendungen und Begriffe aus dieser Wortwelt können aber

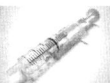

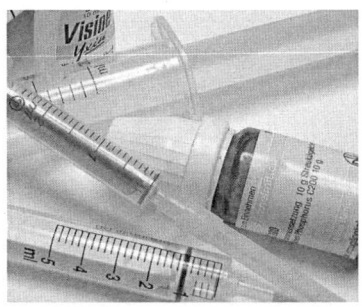

auch dramatisch wirken und beim Lesen unter die Haut gehen. Wenn Sie Ihrem Diskussionspartner einen Zahn ziehen, mit Ihrer präzisen Antwort das Skalpell zücken und ihm mit peinlichen Details eine bittere Pille zu schlucken geben, wird Ihr Gegenüber schnell kalte Füße bekommen und einsehen, dass gegen Ihre messerscharfen Argumente kein Kraut gewachsen ist. Sollte er nicht immun sein gegen solche Angriffe, wird er sich zurückziehen, um seine Wunden zu lecken, bevor es ihm zu sehr an die Substanz geht.

Seien Sie sich also der einschneidenden Wirkung dieser Metaphern bewusst und setzen Sie sie nur ein, wenn die Diagnose eine Sonderbehandlung erfordert. Besonders treffend sind Formulierungen aus der Wortwelt Medizin, wenn ein akutes Problem geschildert werden soll, das dringend nach einer Wunderpille oder einer Notoperation verlangt.

Beispiele aus Literatur und Presse

In Fausts Studierzimmer, Mephisto:
Was diese Wissenschaft betrifft,
Es ist so schwer, den falschen Weg zu meiden,
Es liegt in ihr so viel verborgnes Gift,
Und von der Arzenei ist's kaum zu unterscheiden.
Faust – Der Tragödie erster Teil

Beispiele

Quelle: taz,
13.10.2009

Ein bisschen Entkrampfung

Quelle: Süddeutsche
Zeitung, 08.10.2009

Größter Kollaps seit 1901
Detroits Baseballer verspielen die sicher geglaubten Playoffs

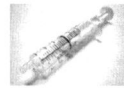
Trostpflaster für Aktionäre

Quelle: Augsburger Allgemeine, 01.03.2008

Das Aufputschmittel für Ihre Texte: Lexikon der Wortwelt „Medizin und Gesundheit".

Wörter und Wendungen

Noch gesund: Gegen etw. / jmdn. immun sein, Präventionsmaßnahme, etw. vorbeugen, Aufputschmittel, jmdm. ist / wird flau im Magen, etw. bereitet jmdm. Bauchschmerzen, jmdm. bleibt die Luft weg, etw. ist / wirkt ansteckend, mit heiler Haut davonkommen, Vitamin B, leiden, jmd. / etw. kränkelt vor sich hin, jmdn. um den Verstand bringen, jmdn. irre machen, jmdm. den Zahn ziehen, am Puls der Zeit, bis der Arzt kommt, ein Geschwür, Eiterblase

Akut krank: Am Tropf von jmdm. / etw. hängen, infizie-

jmdm. etw. einimpfen, gegen etw. geimpft sein

Achtung, akute Symptome: Von etw. / jmdm. Pickel bekommen, Virus, ein Symptom für etw., auf etw. / jmdn. verschnupft reagieren, auf jmdn. / gegen etw. allergisch reagieren, jmdm. / etw. entgegenfiebern, die Krätze von etw. bekommen, jmdm. etw. ver-

rend, etw. ist kein Beinbruch, etw. hat eine Kinderkrankheit, etw. ist / wird akut, ein akutes Problem, etw. ist symptomatisch für etw., bis zum Erbrechen, auf dem Zahnfleisch laufen / gehen / kriechen, auf etw. hysterisch reagieren, tollwütig, cholerisch auf etw. / jmdn. reagieren, cholerisch sein, auf taube Ohren stoßen, Blut und Wasser

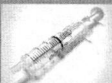

Wichtige Wendungen auf einen Blick:

Am Krankenbett

jmdm. Bauchschmerzen bereiten	auf taube Ohren stoßen	infizieren
etw. entgegenfiebern	kränkeln	etw. wirkt ansteckend
am Tropf hängen	auf dem Zahnfleisch laufen / gehen	eine Kinderkrankheit haben
jmdm. etw. einimpfen		

Wund-Heilung

einer Sache tiefe Wunden schlagen	die Zeit heilt alle Wunden	alte Wunden wieder aufreißen
Wunden lecken	Salz in die Wunde streuen	

Wenn der Arzt kommt

immun sein	Balsam für die Seele	Linderung verschaffen
Trostpflaster	Wunderheilung	Sonderbehandlung
Geburtshelfer	Allheilmittel	gegen jmdn. / etw. ist kein Kraut gewachsen
Schlaftablette	die bittere Pille schlucken	wie auf Rezept bestellt

Zum Auskurieren

Präventionsmaßnahme	wieder zu Kräften kommen	Vitamin B
bis der Arzt kommt	Aderlass	jmdn. therapieren

Ein verwandtes Gebiet: die Wortwelt „Körper" ab Seite 31. Hier gibt es noch mehr Wendungen und Wörter zum Thema Mensch und Körperlichkeit.

schwitzen, Gift und Galle spucken, einer Sache (tiefe) Wunden schlagen, alte Wunden (wieder) aufreißen, Wunden lecken, Salz auf jmds. / auf die / in die Wunde streuen, die Zeit heilt alle Wunden, sich fühlen wie durch den Wolf gedreht, sich etwas einfangen, das Bett hüten, linke Bazille

Heile heile Segen: Balsam für die Seele, eine schwierige Operation, das Skalpell zücken, Aderlass, Linderung verschaffen, etw. wiederbeleben, Trostpflaster, Ferndiagnose, Wunderheilung, eine Sonderbehandlung erhalten, Geburtshelfer, (All-) Heilmittel, gegen jmdn./etw. ist kein Kraut gewachsen, Risiken und Nebenwirkungen, Gegenmittel, die bittere Pille schlucken, jmdm. eine bittere Pille versüßen, Schlaftablette, wie auf Rezept bestellt, wieder zu Kräften kommen, jmdn. / etw. hegen und pflegen, jmd. / etw. erholt sich, kurieren, auskurieren, lindern,

etw. ausheilen lassen, heilende Wirkung, Finanzspritze, mit heiler Haut davonkommen

Medizin: Chirurgisches Vorgehen, jmdn. mit etw. infizieren, wieder auf dem Damm sein, Herzrhythmusstörungen, zu Kräften kommen, jmdm. die Pest an den Hals wünschen, jmdn. / etw. meiden wie die Pest, die Wahl zwischen Pest und

Cholera haben, jmdm. etw. husten, atemberaubend, Spätfolgen, chirurgisches Vorgehen, jmdn. mit etw. infizieren, Aderlass, jmdn. therapieren

Gift und Galle

In der Umgangssprache hören wir oft von Cholerikern, die bei jedem nichtigen Anlass „Gift und Galle spucken". Diese gebräuchliche Redewendung geht auf die gängigen Vorstellungen der Medizin aus der Zeit um 400 vor Christus zurück. Die Hippokratiker wiesen die Vorgänge im

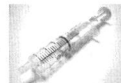

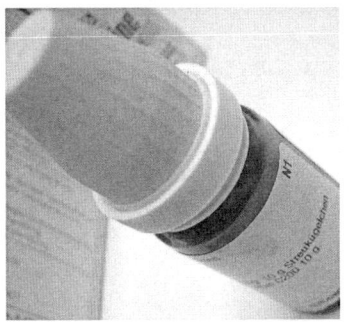

menschlichen Körper den vier Kardinalsäften zu: Blut, Schleim, Schwarze Galle, Gelbe Galle. Gesundheit wurde als Gleichgewicht dieser vier Säfte definiert. Krankheiten entstehen demnach durch ein Ungleichgewicht im Säftehaushalt.

Warum spuckt jemand Gift und Galle?

Die Ungleichgewichte sind bestimmten Temperamentstypen zugeordnet. So leidet der Choleriker, dessen Temperament zu viel an Heftigkeit und Schärfe besitzt, typischerweise an einem Übermaß an Gelber Galle. Dies drückt sich in Wutausbrüchen aus. Der cholerische Kranke wirft mit giftigen Worten um sich, um sein Übermaß an Galle loszuwerden. Er spuckt – bildlich gesprochen – Gift und Galle.

Ihre Notizen:

....

....

Kapitel 17

Spiel, Lotterie und anderer Zirkus

„… auf das richtige Pferd gesetzt."

„Preisfrage: Wie teuer wird der Diesel?"

„Wir sollten nicht Klassiker wie Beethoven als Drei-Manegen-Zirkus aufführen"

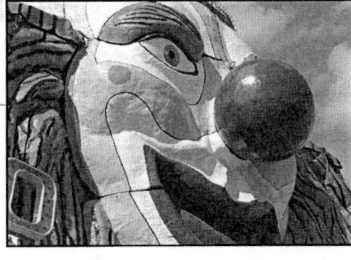

Zum Einstieg …

Texten aus lauter Spaß und Tollerei, nach Lust und Laune, solange Sie lustig sind? Probieren Sie es aus: Unterhaltsame Formulierungen sind Trumpf! Machen Sie sich einen Spaß daraus und geben Sie dem Affen Zucker! Ob Sie nun mit dem Feuer spielen oder unerwartet ein Ass aus dem Ärmel ziehen: Manche Wendung aus der Wortwelt der Unterhaltung wirkt wie ein Sechser im Lotto und macht müde Texter wieder munter.

Erklärung

So ein Zirkus

Gute Laune für den Leser: mit der Wortwelt „Spiel, Lotterie und anderer Zirkus".

Je mehr Freizeit wir haben, umso wichtiger werden verschiedenste Medien der Unterhaltung. Früher waren es vor allem die Klassiker wie Karten-, Brett- und Würfelspiele, Theater oder Zirkus. Heute stehen uns noch weitere Möglichkeiten des Spielens und der Unterhaltung zur Verfügung – angefangen bei Kino und

Fernsehen über Speed-Dating und Freeze-Events bis hin zu den reichhaltigen Möglichkeiten von Computer, Tablet Smartphone und Co. Wichtig – nicht nur für Bücherwürmer – ist jedoch auch heute noch der Klassiker schlechthin: der unterhaltsame Text!

Tonlage

Das macht Laune

Die Wortwelt „Spiel, Lotterie und Zirkus" macht Laune. Sie schafft eine leichte, fröhliche Atmosphäre. Es darf gespielt, gelacht und gescherzt werden. Bilder aus den verschiedensten Bereichen treffen hier zusammen, wenn Sie die Manege freigeben für Clowns, Dompteure und Feuerspucker.

Aber Vorsicht: Sprechen Sie nicht zu sehr in Rätseln und treiben Sie das Spiel nicht zu weit. Diese bunt gemischte Wortwelt kann Ihren Text auch in ein Tollhaus verwandeln, wenn Sie nicht aufpassen. Spielerische Wendungen eignen sich gut an Stellen, an denen Sie Ihren Lesern eine kleine Verschnaufpause gönnen wollen. Aber Spaß beiseite, wenn es um die wichtigen Fakten geht!

Beispiele aus Literatur und Presse

„Spiel mit gezinkten Karten"
Anwalt Andreas Tilp schert sich wenig darum, wen er mit
seinen Vorstößen verärgert. Seit Jahren kämpft der 45-
Jährige für Anleger und gegen die Deutsche Telekom.
www.handelsblatt.com

Beispiele

„Quoten sind die reinste Lotterie", sagt Christian Ulmen,
„die sind höchstens für die Werbebranche interessant. Mich
interessiert, ob das, was ich mache, gut ist oder nicht!"
www.abendzeitung.de

Quelle: Augsburger Allgemeine
Nr. 216, 19.09.2009

irritiert Linke
Kritik an Verzicht.
SPD setzt auf Matschie
Erfurt I dpa I Mit seinem Verzicht auf

TELEKOMMUNIKATION
Hertz ist Trumpf
Die Bundesnetzagentur will in
großen Auktion neue Mobil-

Quelle: Der Spiegel Nr. 27, 29.06.2009

**20 Jahre
alles auf
eine Karte
gesetzt**

Quelle: ADAC Motorwelt Heft 5, Mai 2009

Wörter und Wendungen

Das ganze Leben ist ein Quiz: Preisfrage, Joker ziehen, dreimal darfst du raten, jmdm. ein Rätsel sein, jmdm. Rätsel aufgeben, in Rätseln sprechen, vor einem Rätsel stehen

Manege frei für die Wendungen und Wörter aus der Welt der Spielereien ...

Ein bisschen Spaß muss sein: Ein teurer Spaß, da hört der Spaß auf, Spaß beiseite, mach keine Späße!, du machst mir vielleicht Spaß!, sich einen Spaß aus etw. machen, seinen Spaß mit jmdm. treiben, keinen Spaß verstehen, aus Spaß an der Freude, aus lauter Spaß / Jux und Tollerei, mit jmdm. / etw. ist nicht zu spaßen, jmd. lässt nicht mit sich spaßen, nach Lust und Laune, das kann ja lustig werden!, solange jmd. lustig ist, Schluss mit lustig!, Scherz beiseite!, Scherze mit jmdm. treiben, mach keine Scherze / Witze!, Narretei, sich zum Narren machen

Manege frei: Einen Zirkus machen, Manege frei für, den Clown spielen, dem Affen Zucker geben, sich zum Affen machen, jmdm. die Show stehlen, aus der Reihe tanzen, Hochseilakt, ohne Netz und doppelten Boden

Auf der Leinwand: Hauptdarsteller, Regie führen, einen Oscar erhalten, Film ab für ..., Star, einen Filmriss haben, wie im Kino, eine Show abziehen, von der Bildfläche verschwinden

Spielerisch: Die Würfel sind gefallen, was wird hier gespielt?, bei jmdm. einen Stein im Brett haben, mit dem Feuer spielen, mit dem Gedanken spielen, mit jmdm. leichtes Spiel haben, sein Spiel mit jmdm. treiben, das Spiel zu weit treiben, etw. aufs Spiel setzen, etw. steht auf dem Spiel, jmdn. / etw. aus dem Spiel lassen, das Spiel ist aus, die Finger im Spiel haben, jmdn. ins Spiel bringen, gute Miene zum bösen Spiel machen, jmdm. etw. in die Hand / Hände spielen, mit jmdm. Katz und Maus spielen, mit dem Leben spielen, die beleidigte Leberwurst spielen, den wilden Mann spielen, seine Muskeln spielen lassen, die alte Platte spielen, eine Rolle spielen, jmdm. einen Streich spielen, verrücktspielen, Verstecken spielen, sich in den Vordergrund spielen, jmdn. an die Wand spielen, auf Zeit spielen, Hauptgewinn, wie ein Sechser im Lotto, etw. ist die reinste Lotterie, jmdn. schachmatt setzen, jmdm. / einer Sache Schach bieten, jmdn. / etw. in Schach hal-

Wichtige Wendungen auf einen Blick:

Kniffeln und Knobeln

Preisfrage	in Rätseln sprechen	vor einem Rätsel stehen
Hauptgewinn	der Sechser im Lotto	

So ein Zirkus

einen Zirkus machen	Manege frei für ...	jmdm. die Show stehlen
aus der Reihe tanzen	Narrenfreiheit	eine Show abziehen

Auf dem Spielfeld

die Spielregeln beachten	Was wird hier gespielt?	einen Stein im Brett haben
mit dem Feuer spielen	mit dem Gedanken spielen	leichtes Spiel haben
jmdm. in die Hände spielen	seine Muskeln spielen lassen	eine Rolle spielen
einen Streich spielen	jmdn. schachmatt setzen	

Beim Kartenspiel

Joker ziehen	ein Ass im Ärmel haben	einen Trumpf im Ärmel haben
jmdm. die Trümpfe aus der Hand nehmen	alle Karten in der Hand haben	die Karten auf den Tisch legen
alles auf eine Karte setzen	mit offenen Karten spielen	mit verdeckten Karten spielen
einstürzen wie ein Kartenhaus	sich nicht in die Karten schauen lassen	hoch pokern
den schwarzen Peter zuschieben	jmdn. ausstechen	

ten, die Spielregeln beachten, ein Ass im Ärmel haben, gezinkte Karten, mit dem Feuer spielen, seine Karten ausspielen

Tanzen: Tanz auf dem Seil, Tanz auf dem Vulkan, einen Tanz aufführen, das wird einen Tanz geben!, nach jmds. Pfeife / Geige tanzen, den Reigen eröffnen, eine flotte Sohle aufs Parkett legen

Die Karten auf den Tisch: Herz ist Trumpf, den letzten Trumpf ausspielen, einen Trumpf im Ärmel haben, einen Trumpf in der Hand haben, jmdm. die Trümpfe aus der Hand nehmen, wissen, was Trumpf ist, alle Trümpfe aus der Hand geben, wissen, wie die Karten fallen (werden), kalte Füße bekommen / kriegen, alle Karten in der Hand haben, gute /schlechte Karten haben, die letzte Karte ausspielen, die Karten auf den Tisch

legen, alles auf eine Karte setzen, jmdm. in die Karten schauen, mit offenen / verdeckten Karten spielen, einstürzen wie ein Kartenhaus, etw. ist Trumpf, sich nicht in die Karten schauen lassen, ein Ass sein, hoch pokern, dastehen wie Piksieben, aus dem Schneider sein (Skat), etw. über den Schellenkönig loben, jmdm. den schwarzen Peter zuschieben / zuspielen, die Karten werden neu gemischt, jmdn. ausstechen

Andere unterhaltsame Dinge: Jmdm. sitzt der Schalk im Nacken, Narrenfreiheit haben, auf das falsche / richtige Pferd setzen, Eulenspiegeleien

Bei jemandem einen Stein im Brett haben

Warum haben wir bei jemandem einen Stein im Brett?

„Bei jemandem einen Stein im Brett haben" bedeutet schon seit dem Mittelalter, dass man bei seinem Gegenüber große Sympathien und Respekt genießt. Ursprünglich stammt die Redewendung aus einen Brettspiel namens „Tricktrack", das dem heute bekannteren „Backgammon" sehr ähnlich ist. Im Spiel hat derjenige einen guten „Stein im Brett", der zwei nebeneinander liegende Felder mit seinen Steinen belegt hält. So erschwerte man damals seinem Mitspieler das Gewinnen und hatte gute Aussichten auf Erfolg.

Kapitel 18

Sterne, Himmel und das Universum

„DAX mit Licht am Horizont"

„Sternstunde der Monarchie – die Krone wird zum Symbol des Sieges"

„Der Konkurrenz um Lichtjahre voraus"

Zum Einstieg …

Um an Ihrem Texterhimmel Sterne aufgehen zu lassen, müssen Sie nicht den Mann im Mond suchen oder stundenlang Löcher in den Himmel starren: Einige Metaphern aus dem Bereich „Sterne, Himmel und das Universum" helfen oft schon weiter. Dieses Kapitel zeigt Ihnen, wie über Ihrem Text die Sonne aufgeht, sich zwischen den Zeilen neue Horizonte eröffnen oder Ihre Worte den Leser mondsüchtig machen.

Erklärung

Sonne, Mond und Sterne

Die unendlichen Weiten des Universums: eine Fundgrube für irdische und überirdische Wörter.

Die Astronomie als eine der ältesten Wissenschaften beschäftigt sich mit den Objekten im Universum. Dazu gehören auch die einzelnen Himmelskörper und ihre Anordnung in Galaxien und das Universum als Ganzes und seine Entstehung. Die Beschäftigung mit den unendlichen Weiten hat die Menschen schon immer zum weitschweifenden Philosophieren animiert. So eröffnet sich mit dieser Wortwelt auch ein ganzer Kosmos an überirdischen Formulierungen.

Tonlage

Geheime Wünsche wecken

Die Wortwelt „Sterne, Himmel und das Universum" zieht den Leser in unbekannte Sphären. Hier begegnen Sie dem Fantastischen und Grenzenlosen. Wörter und Wendungen aus diesem Bereich wirken im Kopf Ihrer Leser wie ein Science-Fiction-Film: Es werden fantasievolle Assoziationen angeregt. Diese können sowohl Neugier auf das Fremde als auch verborgene Ängste vor dem Unbekannten hervorrufen. Zielen Sie also auf die geheimen Wünsche und Fantasien der Leser in Ihren Texten. Doch wo Himmel ist, ist auch Boden. Den wir nicht unter den Füßen verlieren möchten. Da sind wir geerdet, achten auf Bodenhaftung und bleiben auch in unseren Formulierungen bodenständig.

Texte mit Herz

Die Wortwelt „Astronomie" kann auch sehr romantisch wirken. In Liebesbriefen und Szenen aus romantischen Filmen schwelgen wir in der leichten, luftigen und glitzernden Sprache des Herzens. Beflügeln Sie Ihre Leser mit überirdischen Formulierungen, die sie wie ein Blitz aus heiterem Himmel treffen und sie ganz in andere Sphären bringen. Wenn zwischen zwei Menschen eine intergalaktische Anziehungskraft herrscht, er für sie die Sterne vom Himmel holt und sie für ihn der Mittelpunkt des Universums ist, befinden wir uns weit abseits des Irdischen.

Wo Emotionen sind, kann sich der Lichterglanz aber auch schnell in finsterste Düsternis verwandeln. Plötzlich möchte man den anderen am liebsten auf den Mond schießen. Achten Sie darauf, dass Ihre Leser nicht aus allen Wolken fallen, wenn plötzlich einiges zum Himmel stinkt.

Außergewöhnliche Glanzpunkte

Sterne gelten gemeinhin als Symbol außergewöhnlicher Qualität. Neben Hotelketten hat auch eine bekannte Automarke diese Wirkung in ihrem Unternehmensprofil zum Markenzeichen gemacht. Lassen Sie Ihre Leser intergalaktische Sternstunden erleben. Erweitern Sie ihren Horizont und eröffnen Sie ihnen einen ganzen Kosmos wunderbarer Angebote, die hoffentlich keinen astronomischen Preis haben, allen anderen aber um Lichtjahre voraus sind.

Wichtig: Nicht abschweifen und den Kontakt zum Boden verlieren.

Doch verlieren Sie sich bei Ihrem textlichen Weltraumspaziergang nicht ganz in der Schwerelosigkeit. Damit Ihre Zielgruppe nicht in ein schwarzes Loch gerät und komplett in andere Sphären entschwebt.

Beispiele aus Literatur und Presse

„Die meiste Anziehungskraft für mich hatte indes das Innere der Kirche …" *Theodor Storm, Aquis Submersus*

Beispiele

„Ypsilantis rot-grünes Himmelfahrtskommando"
http://www.welt.de/meinung/article1757152/Ypsilantis_rot-gruenes_Himmelfahrtskommando.html

Quelle: Augsburger Allgemeine Nr. 216, 19.09.2009

Schaffen Sie Ihre Brille aus der Welt!

Der „Polarstern" der deutschen Wirtschaft

Augsburger Allgemeine, 19.09.09

Wörter und Wendungen

Hier kommen die wichtigsten Wendungen zwischen Himmel und Erde.

Sternstunden: Die Sterne stehen gut, Sterne sehen (nach einem harten Schlag), das ist mir schnuppe, etw. steht unter einem schlechten Stern, jmds. Stern ist im Sinken / sinkt, jmdm. / für jmdn. die Sterne vom Himmel holen, von einem anderen Stern, nach den Sternen greifen, etw. steht in den Sternen, unter einem guten /

Hause sein, etw. in den Mond schreiben

Himmel und Horizont: Das Blaue vom Himmel versprechen, zum Himmel stinken / schreien, Löcher in den Himmel starren, wie ein Blitz aus heiterem Himmel, die Bäume wachsen nicht in den Himmel, es ist noch kein Meister vom Himmel

glücklichen / günstigen Stern stehen, jmd. ist von einem anderen Stern, jmds. Stern geht auf / ist im Aufgehen

Unendliche Weiten: Etw. / jmdm. Lichtjahre voraus sein, in der Umlaufbahn von, ein ganzer Kosmos an Möglichkeiten, sich in anderen Sphären bewegen, zu anderen Sphären ziehen, abschweifen

Im Mondschein: Jmdn. auf den / zum Mond schießen, auf / hinter dem Mond leben, hinter dem Mond zu

gefallen, das Geld fällt nicht vom Himmel, auf der Erde bleiben, etw. aus der Erde stampfen, mit beiden Beinen fest auf der Erde stehen / bleiben, kein Bein auf die Erde kriegen, die Hölle auf Erden, jmdm. den Himmel auf Erden versprechen, Himmel und Erde in Bewegung setzen, über jmds. Horizont gehen, Licht am Horizont, dunkle Wolken am Horizont, jmds. Horizont erweitern, aus allen Wolken fallen, dem Himmel sei Dank, den Himmel auf Erden haben, um Himmels willen,

Wichtige Wendungen auf einen Blick:

Im Universum

die Sterne stehen gut	etw. steht unter einem guten Stern	etw. steht unter einem schlechten Stern
jmds. Stern ist im Sinken / sinkt	die Sterne vom Himmel holen	nach den Sternen greifen
etw. steht in den Sternen	von einem anderen Stern	um Lichtjahre voraus
ein ganzer Kosmos an Möglichkeiten	sich in anderen Sphären bewegen	abschweifen
hinter dem Mond leben		

Zwischen Himmel und Erde

das Blaue vom Himmel versprechen	aus heiterem Himmel	auf dem Bodenbleiben
mit beiden Beinen fest auf der Erde stehen	kein Bein auf die Erde kriegen	Himmel und Erde in Bewegung setzen
Licht am Horizont	dunkle Wolken am Horizont	ein Silberstreif am Horizont
Horizonte eröffnen	über jmds. Horizont gehen	etw. dem Erdboden gleichmachen
wie vom Erdboden verschluckt	am liebsten im Erdboden versinken	bodenständig sein

Weltlich

für jmdn. bricht eine Welt zusammen	zwischen etw. liegen Welten	jmdn. trennen Welten
die ganze Welt umarmen wollen	bis ans Ende der Welt	auf die Welt bringen
nicht von dieser Welt sein	eine Frau / ein Mann von Welt	

Mehr himmlische Wendungen finden Sie auch in der Wortwelt „Religion".

aus heiterem Himmel, im siebten Himmel sein, wie im siebten Himmel, jmdn. / etw. in den Himmel loben, der Himmel hängt voller Geigen, ein Geschenk des Himmels, der Himmel öffnet seine Schleusen, himmlisch, ein Silberstreif(en) am Horizont, Horizonte eröffnen

Weltlich: Für jmdn. bricht eine Welt zusammen, davon/ deswegen geht die Welt nicht unter, zwischen etw. liegen Welten, jmdn. trennen Welten von jmdm., die Welt nicht mehr verstehen, die Welt aus den Angeln heben, die ganze Welt umarmen wollen / mögen, bis ans Ende der Welt, auf die / zur Welt kommen, etw. mit auf die Welt bringen, (nicht) aus der Welt sein, etw. aus der Welt schaffen, aus aller Welt, nicht um alles in der Welt, mit sich und der Welt im Reinen sein, nicht von dieser Welt sein, mit offenen Augen durch die Welt gehen, nicht die Welt kosten, der Nabel der Welt, ein Mann von Welt, eine Frau von Welt, um keinen Preis der Welt

Erdboden: Etw. dem Erdboden gleichmachen, wie vom Erdboden verschluckt / verschwunden sein, jmd. würde am liebsten im (Erd-)Boden versinken

Das ist mir schnuppe

Warum sagen wir „Das ist mir schnuppe"?

Die „Schnuppe" kommt nicht etwa von der Sternschnuppe: Es ist das verkohlte Ende eines Kerzendochtes. Und wenn einem etwas schnuppe ist, dann ist es ihm so viel wert wie das verkohlte Ende eines Dochtes – also nichts. In Berlin wurde der Begriff wohl ab 1850 verwendet. „Schnuppe" kommt vom mittelalterlichen Wort „snuppen" und bedeutet so viel wie „putzen". Der Docht einer Kerze musste früher geputzt werden. Und „Sternschnuppe" heißt es, weil man dachte, da sei ein Stück Abfall vom Stern weggeputzt worden.

Kapitel 19

Zauberei und jede Menge Magisches

„Demenz: Schreckgespenst des Alters"

„Fauler Zauber statt Samba-Fußball: Vor diesen
Brasilianern muss niemand Angst haben – der erste
Auftritt der Seleção war eine einzige Enttäuschung. Kein
Esprit, keine Zaubereien …"

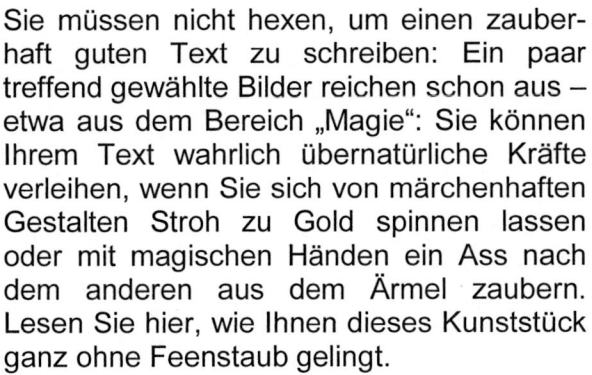

Zum Einstieg …

Sie müssen nicht hexen, um einen zauberhaft guten Text zu schreiben: Ein paar
treffend gewählte Bilder reichen schon aus –
etwa aus dem Bereich „Magie": Sie können
Ihrem Text wahrlich übernatürliche Kräfte
verleihen, wenn Sie sich von märchenhaften
Gestalten Stroh zu Gold spinnen lassen
oder mit magischen Händen ein Ass nach
dem anderen aus dem Ärmel zaubern.
Lesen Sie hier, wie Ihnen dieses Kunststück
ganz ohne Feenstaub gelingt.

Erklärung

Texten ist manchmal doch Hexenwerk

Ein Zauberkasten voll magischer Wörter und Wendungen ...

Seit Menschengedenken wird versucht, Unerklärliches mit Begriffen der Magie und Zauberei fassbar zu machen. In grauer Vorzeit haben sich die Menschen Naturphänomene auf diese Weise erklärt. Heute staunen wir immer noch: Ob unglaubliche Sportereignisse oder überraschende Entwicklungen in der Wirtschaft – die Wortwelt „Magie" liefert hier die sprachliche Begleitmusik. Magisches ist Trend. Beleg: die „Pottermania", die sich in den letzten Jahren in unser Leben „materialisierte" und uns mit guten Geschichten jedes Jahr aufs Neue verzauberte.

Tonlage

Magische Kräfte für Ihren Text

Die Wörter und Wendungen der Wortwelt Magie lassen alles in einem anderen Licht erscheinen. Fabelwesen mit Zauberkräften stehen Ihnen zur Seite. Alles wirkt leichter, größer, bunter. Unerreichbares fällt einfach so vom Himmel oder erscheint wie von Zauberhand auf der Bildfläche. Leichtigkeit und Heiterkeit wirken in dieser Wortwelt. Man fühlt sich wieder wie ein Kind, das noch in einer Welt lebt, in der alles möglich und alles denkbar ist. Lassen Sie Ihre Leser mit offenem Mund staunen, wenn Kaninchen, die eben noch aus dem Hut gezaubert wurden, wie von Geisterhand wieder verschwinden ...

Doch Vorsicht: Setzen Sie die Hexereien und Kunststücke sehr gezielt ein. Bei einem Übermaß magischer Zutaten im Text fühlt sich der Leser nicht mehr ernst genommen. Und da gibt es noch die andere Seite der Magie: wenn Gespenster, Hexen und Dämonen in die Sprache geraten und die Stimmung von Texten ganz schnell ins Negative oder Traurige verwandeln.

Besonders gut sind Wendungen der Wortwelt Magie geeignet, um außergewöhnliche Ereignisse zu beschreiben. Auch Produktentwicklungen, deren Nutzen nicht so sehr im technischen Detail liegt, können Sie mit den Zauberworten eine magische Anziehungskraft verleihen.

Beispiele aus Literatur und Presse

„[...] er, dass jedenfalls über tausend Taler seine Kasse enthielt. Nun versuchte er die richtige Summe aus seinem Buche zu finden, das war aber erst ein Hexenwerk, aus welchem noch ein ganz Anderer als Uli nicht gekommen wäre."
Jeremias Gotthelf: Uli, der Pächter

Beispiele

„[...] So ungefähr und noch ärger brodelte und zischte es in dem Hexenkessel der öffentlichen Meinung von Frankenfeld. Man sollte denken, die Frankenfelder seien recht böse Menschen gewesen."
W. H. Riehl: Ein ganzer Mann

Das Gespenst einer Asien-Krise geht wieder um.
www.faz.net, 04.06.2008

Quelle: Augsburger
Allgemeine, 19.09.2009

Quelle: ADAC Motorwelt Heft 5, Mai 2009

Wörter und Wendungen

Verzaubern Sie Ihre Leser mit diesen Wörtern und Wendungen.

Magisches und Wundersames: Magischer Augenblick, etw. in Gold verwandeln, jmd. / etw. hat etwas Magisches (an sich), übermenschliche Kräfte, von jmdm. geht ein Zauber aus, etw. Magisches liegt in der Luft, jmd. hat magische Hände, jmd. / etw. übt eine magische Anziehungskraft aus, etw. grenzt an ein Wunder, jmd. / etw. kann Wunder bewirken, jmd. kann wahre Wunder vollbringen, jmd. erlebt sein blaues Wunder, weiße Magie, ein Wunder an (...), zauberhaft, bezaubernd/bezaubern, wunderbar, übernatürlich, Gedanken lesen, wundersam, sich einer Illusion hingeben, sich Illusionen machen, sich in einem Hexenkessel befinden, (jmdm.) etw. vorhersagen, Gedanken lesen

Alles nur Zauberei: Fauler Zauber, Zauber aus 1001 Nacht, verzaubert / verzaubern, Trick 17, doppelter Boden, etw. heraufbeschwören, etw. aus dem Hut zaubern, etw. ist kein Hexenwerk, etw. gleicht einem Hexenkessel, etw. veschwinden lassen, verhext / verhexen, etw. schweben lassen, etw. hervorzaubern, wie vom Erdboden verschluckt, von der Bildfläche verschwinden, jmdn. verhexen, etw.

aus dem Nichts hervorzaubern, wie von / durch Zauberhand, eine Zauberformel für etw. finden, etw. ist illusorisch, ohne großen Hokuspokus, Abrakadabra, Simsalabim, dreimal schwarzer Kater, Illusion, Zauberstab, Zauberhut, Zaubertrank, etw. ist einfach Zauberei, das ist doch wie verhext, zauberhaft, bezaubernd, ein Zauberkasten voller ...

Geister verschiedener Art: Jmd. sieht Gespenster, hier scheiden sich die Geister, Erscheinungen haben, jmd. ist von allen guten Geistern verlassen, jmd. ist / schaut entgeistert, Geisterstunde, Flaschengeist, Schreckgespenst, gespenstisch, Gestalt annehmen

Im Reich der Märchen: Ins Reich der Fabel gehören, er hat den Braten gerochen, ein Wolf im Schafspelz, Hans im Glück, Märchenschloss, wie im Schlaraffenland, fabelhaft, märchenhaft, wie aus dem / im Märchen, sieben auf einen Streich, Prinzessin auf der Erbse, jmdm. ein Märchen aufbinden / erzählen, Dornröschenschlaf, Aschenputtel, Stroh zu Gold spinnen, Sesam, öffne dich!

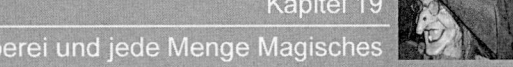

Wichtige Wendungen auf einen Blick:

Zauberhaftes und Bezauberndes

jmdn. verzaubern	etw. aus dem Hut zaubern	wie von Zauberhand
eine Zauberformel für etw.	fauler Zauber	etw. ist einfach Zauberei
ohne großen Hokuspokus	ein Zauberkasten voller	

Wunderbar!

etw. grenzt an ein Wunder	Wunder bewirken	sein blaues Wunder erleben
ein Wunder an ...	wahre Wunder vollbringen	

Magische Augenblicke

etw. Magisches an sich haben	etw. Magisches liegt in der Luft	magische Hände haben
eine magische Anziehungskraft ausüben		

Es spukt

jmd. sieht Gespenster	hier scheiden sich die Geister	jmd. ist von allen guten Geistern verlassen
jmd. schaut/ist entgeistert	Schreckgespenst	gespenstisch

Märchen und Mythen

ins Reich der Fabel gehören	Wolf im Schafspelz	fabelhaft
Schlaraffenland	Dornröschenschlaf	am seidenen Faden hängen

Klassische Mythologie: Jmdn. mit Argusaugen beobachten, einen Augiasstall ausmisten, Morpheus' Arme, wie ein Damoklesschwert über jmdm. / über jmds. Haupt, das Schwert des Damokles hängt / schwebt über jmdm. / über jmds. Haupt, Achillesferse, Herkulesaufgabe, Sisyphosarbeit, wie ein Zerberus über etw. wachen, am seidenen Faden hängen, wie ein Berserker wüten, die Büchse der Pandora, Odyssee

Grün und Gelb macht Blau?

Warum erlebt jemand sein „blaues Wunder"?

Wenn jemand „sein blaues Wunder erlebt", ist das meist eine sehr überraschende und eher unangenehme Erfahrung. In der übertragenen Bedeutung meint die Redensart eine beliebige Situation, die nicht vorhersehbar und unerwünscht ist. Ihr Ursprung liegt in der Tuchfärberei. So mancher Färber hat seinerzeit eine unangenehme Überraschung erlebt, wenn er sein grün oder gelb gefärbtes Textilstück sorgfältig zum Trocknen aufgehängt hat und feststellen musste, dass sich unter der Einwirkung des Luftsauerstoffs eine chemische Reaktion vollzog, die eine ungeahnte Wirkung hatte: Das ursprünglich gelb oder grün gefärbte Tuch zeigte sich plötzlich in Blau. Da für den Tuchfärber damals die chemischen Hintergründe noch nicht klar waren, erlebte dieser staunend „sein blaues Wunder"!

Kapitel 20

Weihnachten und Winter

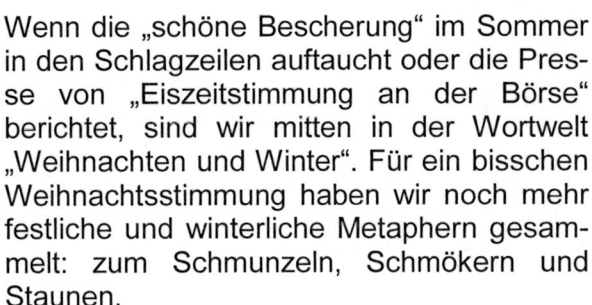

„Eine schöne Bescherung!"

„Eiszeitstimmung an der Börse"

„Ein Geschenk des Himmels"

Zum Einstieg …

Wenn die „schöne Bescherung" im Sommer in den Schlagzeilen auftaucht oder die Presse von „Eiszeitstimmung an der Börse" berichtet, sind wir mitten in der Wortwelt „Weihnachten und Winter". Für ein bisschen Weihnachtsstimmung haben wir noch mehr festliche und winterliche Metaphern gesammelt: zum Schmunzeln, Schmökern und Staunen.

Erklärung

Weihnachts-Metaphern: Nicht nur im Advent gefragt

Glanzpunkte für Ihre Texte: Wendungen aus der Wortwelt „Weihnachten und Winter".

Redewendungen aus der Weihnachtszeit sind nicht nur im Advent gefragt. Das ganze Jahr über sprechen wir von „Geschenken des Himmels", „rettenden Engeln" oder einer „schönen Bescherung". Die Weihnachts-Wortwelt hilft uns oft, Situationen treffend zu beschreiben. Weihnachtliche Redewendungen und Metaphern wie „etwas mit Engelsgeduld ertragen" und „sich freuen wie ein Kind an Weihnachten" können sehr festlich wirken. Hier lehnt sich die Wortwelt an die freudige Stimmung im Dezember an.

Doch auch die Adventszeit ist nicht immer besinnlich. Und das spiegelt sich auch in dieser Wortwelt und deren Gebrauch wider. Denn Wendungen wie „noch an den Weihnachtsmann glauben" haben trotz weihnachtlicher Wortwahl einen gar nicht festlichen Beigeschmack.

Tonlage

Frostige Wendungen und Wörter

Auch Schnee und Eis gehören zu Weihnachten.

Weil Weihnachten und Winter unmittelbar miteinander verbunden sind, gehören auch Schnee und Eis in diese Wortwelt. Ob Sie sich freuen wie ein Schneekönig oder sich warm anziehen müssen, um nicht eiskalt abserviert zu werden – die kalte Jahreszeit liefert frostige Redewendungen mit viel Ausdruck.

Beispiele aus Literatur und Presse

Beispiele

„Vermutlich hätte der Vorsitzende Richter mit Engelszungen reden können, er hätte Esch nicht zu einer Aussage bewegt."
RP Online, 27.08.2014

„Wenn er aufwacht und die Bescherung sähe (...) springt er über die Mauer, wenn's nicht anders ist."
Willibald Alexis

Kreationismus
Schöne Bescherung im Biologieunterricht

Quelle: Die Zeit, 12.07.2007

Vollgestopft wie eine Weihnachtsgans

Quelle: Focus Magazin;
Internetarchiv, 20.03.1995

Textarchiv

Unter einem schlechten Stern
Die Luxus-Kreuzfahrt „Aurora" ist grandios
gescheitert

Quelle: Berliner Zeitung, 22.01.2005

Wörter und Wendungen

Weihnachten: Ein Gefühl wie Weihnachten und Ostern zusammen, sich freuen wie ein Kind an Weihnachten, jmdn. ausnehmen wie eine Weihnachtsgans, noch an den Weihnachtsmann glauben, Weihnachten steht vor der Tür, weiße Weihnachten, grüne Weihnachten, frohe Weihnachten, eine schöne Bescherung, es geht auf Weihnachten zu, Weihnachten ist nur einmal im Jahr, ein Weihnachtsmann sein, an der Krippe stehen, geschenkt sein, ein Geschenk des Himmels sein, jmdm. Gehör schenken, einer Sache Glauben schenken, Wunschzettel, keine Wünsche offen lassen, auf keinen grünen Zweig kommen, behängt sein wie ein Christbaum

Schlitten: Unter den Schlitten kommen, mit jmdm. Schlitten fahren, ein toller Schlitten, eine Rutschpartie

Glänzend: Welch Glanz in

Mit diesen Wörtern holen Sie Ihren Lesern die Sterne vom Himmel ...

161

meiner Hütte, etwas mit Gold aufwiegen, etwas auf die Goldwaage legen, Gold in der Kehle haben, goldenes Haar, es ist nicht alles Gold, was glänzt, Morgenstund hat Gold im Mund, eine goldene Zeit, Gold wert sein, ein Herz aus Gold haben, ein Goldesel sein, goldig, das Huhn, das goldene Eier legt, schlachten, jmdm. eine goldene Brücke bauen, der goldene Schuss, in einem goldenen Käfig sitzen, mit einem goldenen Löffel geboren sein, eine Goldgrube, man muss die Feste feiern, wie sie fallen

Glöckchen und Kerzen: Etw. an die große Glocke hängen, eine glockenreine Stimme haben, mit dem Glockenschlag, sein Licht leuchten lassen, Licht im Dunkel sehen, sein Licht nicht unter den Scheffel stellen, jmdm. geht ein Licht auf, jmdn. hinters Licht führen, jmdm. das Licht ausknipsen, etwas ins rechte Licht rücken, ans Licht kommen, kein großes Licht sein, jmdm. grünes Licht geben, etwas ans Licht bringen, Licht in eine Sache bringen, auf jmdn. fällt ein schlechtes Licht, das Licht der Welt erblicken, Licht am Ende des Tunnels sehen, bei Licht betrachtet, in einem anderen Licht erscheinen, eine Erleuchtung haben

Engel: Ein gefallener Engel sein, die Engel im Himmel singen hören, der rettende Engel, etwas mit Engelsgeduld ertragen, mit Engelszungen reden, ein gelber Engel, ein ahnungsloser Engel, ein wahrer Engel, ein Engel mit einem B davor sein, engelsgleich, Engelsgesicht, Engelslächeln, den Unschuldsengel spielen, Schutzengel, blonder Engel, Engelshaar, unter die Engel aufgenommen werden, Rauschgoldengel

Sterne: Jmdm. tanzen die Sterne vor Augen, sternenklar, eine Sternstunde, seinem Stern folgen

Schnee und Eis: Weiß wie Schnee, rein wie Schnee, dahinschmelzen wie Schnee an der Sonne, Schnee von gestern, sich freuen wie ein Schneekönig, Schneemann, Schneeball, sich aufs Glatteis begeben, jmdn. aufs Glatteis führen, das Eis ist gebrochen, eiskalt erwischt, aufs Eis tanzen gehen, die Spitze des Eisbergs, jmdn. eiskalt abservieren, die Kuh vom Eis holen

Mehr Wendungen rund um Engel finden Sie natürlich auch in der Wortwelt „Religion". Oder zum Thema Eis und Schnee unter „Wetter und Natur".

Wichtige Wendungen auf einen Blick:

Engel und Sterne

mit Engelszungen reden	ein gefallener Engel sein	die Engel im Himmel singen hören
etwas mit Engelsgeduld ertragen	unter einem schlechten Stern stehen	in den Sternen stehen
jmdm. die Sterne vom Himmel holen	nur noch Sterne sehen	

Weihnachten

ein Gefühl wie Weihnachten und Ostern zusammen	sich freuen wie ein Kind an Weihnachten	jmdn. ausnehmen wie eine Weihnachtsgans
noch an den Weihnachtsmann glauben	behängt sein wie ein Christbaum	ein Geschenk des Himmels sein

Schnee und Eis

weiß wie Schnee	sich wie ein Schneekönig freuen	Schnee von gestern
Schnee hinterm Ofen dörren	auf Eis legen	sich auf dünnem Eis bewegen
sich aufs Glatteis begeben	jmdn. aufs Glatteis führen	das Eis brechen
das Eis zum Schmelzen bringen		

Frostig

sich warm anziehen müssen	ein dickes Fell haben	eiskalt erwischt werden
kalte Füße bekommen	etwas mit dem Mantel der Nächstenliebe zudecken	eine Mütze voll Schlaf nehmen

Woher kommt „kalte Füße bekommen"?

Warum bekommen wir in heiklen Situationen „kalte Füße"?

Kurz vor der Hochzeit wird sich die Braut doch unsicher und hat ihre Bedenken. Ist das wirklich der Mann ihres Lebens? Jemand, der nicht den Mut hat, für eine Entscheidung ein gewisses Risiko einzugehen, bekommt „kalte Füße". Warum ist das so?

Was hat das mulmige Gefühl vor einer unangenehmen Situation mit der Temperatur der Füße zu tun? Ganz einfach: Ihren Ursprung hat diese Redewendung im englischen Glücksspiel. In Zeiten, als in verborgenen Kellern gepokert wurde, wurden hohe Einsätze getätigt. Wurde einem Spieler die Situation zu riskant, erklärte er, dass er sich mal die Füße vertreten müsse, weil diese „zu kalt" seien. Die Gelegenheit nutzte er, um nicht mehr an den Spieltisch zurückzukehren und somit seinen Gewinn zu sichern. Kaum verwunderlich. Auch im Englischen benutzt man heute die Phrase „to get cold feet"!

Ihre Notizen:

....

....

Kapitel 21

Länder, Städte und Regionen

„Das Finanzzentrum London kämpft um seine
Vormachtstellung – nicht immer auf die feine
englische Art."

„Sie teilen den herkömmlichen Parteien mit,
dass etwas faul ist im Staate Dänemark."

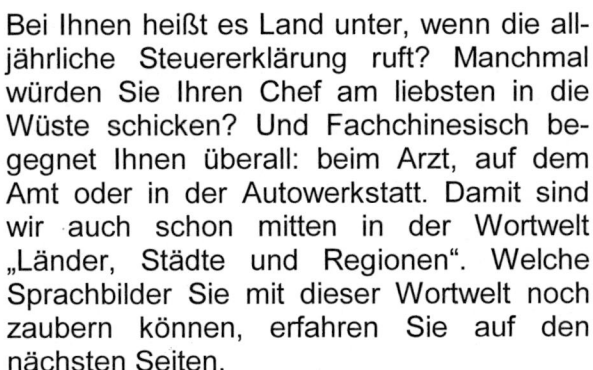

Zum Einstieg …

Bei Ihnen heißt es Land unter, wenn die all-
jährliche Steuererklärung ruft? Manchmal
würden Sie Ihren Chef am liebsten in die
Wüste schicken? Und Fachchinesisch be-
gegnet Ihnen überall: beim Arzt, auf dem
Amt oder in der Autowerkstatt. Damit sind
wir auch schon mitten in der Wortwelt
„Länder, Städte und Regionen". Welche
Sprachbilder Sie mit dieser Wortwelt noch
zaubern können, erfahren Sie auf den
nächsten Seiten.

Erklärung

Kulturelle Vielfalt!

Ausdrücke aus der Wortwelt „Länder, Städte und Regionen" haben oft historische, biblische oder kulturelle Wurzeln.

Sprachbilder aus dieser Wortwelt sind vielfältig und reichen von einzelnen Städten bis hin zu ganzen Ländern und Nationen, die namensgebend für Redewendungen und gebräuchliche Ausdrücke sind. Ihren Ursprung haben sie oft in historischen, biblischen oder kulturellen Begebenheiten.

Ein Beispiel für eine solche Redewendung, die ihren Ursprung in der Bibel findet, ist „wie Sodom und Gomorrha". Gott ließ den Menschen in Sodom und Gomorrha mitteilen, dass er die beiden Städte vernichten wolle, weil hier die Sünde zu Hause sei. Wenn sich aber zehn Gerechte fänden, wolle er die Städte verschonen. Als sich aber keine zehn Gerechten fanden, zerstörte Gott Sodom und Gomorrha. Heute steht die Redewendung für katastrophale oder sehr fragwürdige Zustände.

Von Stereotypen und Vorurteilen ...

Vorsicht: Altherkömmliche Stereotypen kommen nicht immer gut an!

Manchmal beruhen Redensarten aus dem Wortfeld Länder, Städte und Regionen aber auch auf Stereotypen und Vorurteilen, die man gegenüber anderen Völkern hegte und auch heute zum Teil immer noch hegt. Deshalb ist ein gewisses Maß an Vorsicht geboten, wenn man sich Sprachbildern aus dieser Wortwelt bedient. So kommen beispielsweise polnische Landsleute mit Redewendungen wie „einen polnischen Abgang machen" oder „polnisch einkaufen" nicht gut weg, da beiden Redensarten das Vorurteil zugrunde liegt, dass Polen unehrliche Leute und Diebe sind.

Tonlage

Russisches Roulette

Auf gut Deutsch sollten Sie Wendungen aus dieser Wortwelt mit Vorsicht verwenden. Denn oft versteht Ihr Leser nur Kauderwelsch. Falsch verstandene oder gar nicht verstandene Ausdrücke lassen schnell falsche Bilder im Kopf Ihrer Leser entstehen. Deswegen ist der Gebrauch dieser Wortwelt wie russisches Roulette: Manchmal kommt das Bild an, manchmal geht es daneben. Deshalb gilt: Lassen Sie die Kirche im Dorf und setzen Sie solche Ausdrücke nur sparsam ein.

Sein persönliches Waterloo erleben

Da Ausdrücke dieser Wortwelt häufig auf fremde Kulturen und Nationen zurückgehen und der deutsche Michel in der Regel nichts über ihre Herkunft weiß, ist doppelte Vorsicht geboten. Fühlt sich Ihr Leser beleidigt, können Sie schnell Ihr persönliches Waterloo erleben und Ihr Text verliert jede Wirkung. Deutlich wird dies zum Beispiel am Ausdruck „etwas türken" (= etwas (ver-)fälschen). Ein türkischer Landsmann könnte sich schnell angegriffen fühlen, da sein Volk als unehrlich dargestellt wird bzw. dass man ihm nicht trauen kann. An der Entstehung dieser Redensart sind die Deutschen allerdings selbst schuld. Da die Musikkapelle 1895 bei der Ankunft einiger Vertreter des Osmanischen Reichs in Deutschland nicht die türkische Nationalhymne spielen konnte, spielte sie stattdessen das Lied „Guter Mond, du gehst so stille". Die Nationalhymne wurde also getürkt.

Es mag den Anschein haben, dass man von dieser Wortwelt lieber Abstand nehmen sollte, aber ein Blick auf die folgenden Wendungen lohnt sich allemal. Manchmal gibt es eben keinen treffenderen Ausdruck. Nehmen Sie sich Zeit für Ihre Texte und diese Wortwelt. Schließlich wurde Rom auch nicht an einem Tag erbaut.

> Prüfen Sie Ursprung und Bedeutung einer Redensart lieber ganz genau.

Beispiele **Beispiele aus Literatur und Presse**

„Dresdener Eulen nach Athen tragen"
Focus Money Nr. 39/2013

„Wie Gott in Frankreich wollen viele Urlauber einmal leben:
Das Land bleibt die beliebteste Reisedestination."
www.welt.de/reise, 08.08.2013

Quelle:
InStyle März 2014, S. 210

Quelle: BR Online, 25.08.14,
http://www.br.de/radio/
bayern2/sendungen/
kulturwelt/meister-der-
potemkinschen-doerfer-
100.html

Quelle: Die Zeit,
www.zeit.de/angebote/
anadalusien/sport

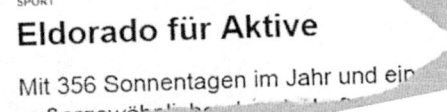

Wörter und Wendungen

Jetzt wird's multikulti –
Wendungen aus aller
Herren Länder.

Aus aller Welt: Hinter schwedischen Gardinen, jmdm. spanisch vorkommen, (Fach-/Amts-)Chinesisch, einen polnischen Abgang machen, nicht die feine englische Art sein, etw. ist getürkt, englisch / polnisch einkaufen, sich französisch / auf Französisch empfehlen, sich nach den Fleischtöpfen

Ägyptens (zurück-)sehnen, eine ägyptische Finsternis, da ist was faul im Staate Dänemark, auf gut Deutsch, alter Schwede, wie Gott in Frankreich leben, made in …, alle Wohlgerüche Arabiens, jetzt ist Polen offen, noch ist Polen nicht verloren, der deutsche Michel, Chinesisch für jemanden

Wichtige Wendungen auf einen Blick:

Aus aller Welt

hinter schwedischen Gardinen	jmdm. spanisch vorkommen	Fachchinesich
die feine englische Art	auf gut Deutsch	wie Gott in Frankreich leben
etw. ist getürkt		

Städtisches und Regionales

alle Wege führen nach Rom	Eulen nach Athen tragen	ein Mekka für jmdn. sein
spartanisch leben	Rom wurde auch nicht an einem Tag erbaut	böhmische Dörfer

Wie man mit Ländern zaubern kann

Schlaraffenland	Neuland betreten	wieder Land sehen
Land gewinnen	etw. an Land ziehen	

Von Dörfern, Gärten und anderen Gegenden

die Kirche im Dorf lassen	jmdn. in die Wüste schicken	eine Sau durchs Dorf jagen
die Welt ist ein Dorf	ein Garten Eden	

Wörter und Wendungen rund um die Welt. Perfekt für Ihr persönliches Damaskus-Erlebnis!

sein, sibirische Kälte, in China ist ein Sack Reis / ein Fahrrad umgefallen, da ist Holland in Not, russisches Roulette, was juckt es die deutsche Eiche, wenn sich eine Sau an ihr wetzt

Städtisches: Alle Wege führen nach Rom, Eulen nach Athen tragen (analog dazu: Ablass nach Rom tragen, Bier nach München bringen, Dielen / Sparren nach Norwegen führen, Frauen nach Paris mitnehmen, Käse in die Schweiz rollen, Kohlen nach Newcastle transportieren, Krokodile nach Ägypten bringen), den Gang nach Canossa antreten, ein Damaskus-Erlebnis haben, zu tun haben wie der Leipziger Rat, etw. mit dem Nürnberger Trichter eingießen, ein Trojaner / trojanisches Pferd, Rom wurde nicht an einem Tag erbaut, wie bei Sodom und Gomorrha, attisches Salz (geistreicher Witz), babylonische Verwirrung / babylonisches Sprachengewirr, sein Waterloo erleben, ein Mekka für jmdn. sein, es herrschen Zustände wie im alten Rom, spartanisch leben, der olympische Geist, ab nach Kassel, in / aus / nach Buxtehude, sein Ithaka finden, zugehen wie im alten Rom, die Ewige Stadt (Rom), die Goldene Stadt (Prag)

Regionales: Böhmische Dörfer, Kauderwelsch, Friesennerz, Flachlandtiroler, Pampa (*pampas* = baumlose Steppenlandschaft in Argentinien), ein Alpenveilchen (Alpenbewohner), Eldorado, der Wilde Westen, ein blinder Hesse, jmdn. auf den Blocksberg wünschen

Wie man mit Ländern zaubern kann: Schlaraffenland, gelobtes Land, jmdn. ins Land der Träume schicken, Land der tausend Seen (Finnland), Land der aufgehenden Sonne (Japan), Land der unbegrenzten Möglichkeiten (USA), das Land, wo Milch und Honig fließen, Land der Zitronen / das Land, wo die Zitronen blühen (Italien), Neuland betreten, Land gewinnen, Land unter, wieder Land sehen, etw. an Land ziehen, es ist Land in Sicht, ins Land gehen / ziehen

Von Dörfern, Gärten und anderen Gegenden: Ein Garten Eden / wahres Eden, die Kirche im Dorf lassen, jmdn. in die Wüste schicken, Bermuda-Dreieck, Hinterwäldler, Potemkinsche Dörfer, eine Sau durchs Dorf jagen, die Kirche ums Dorf tragen / mit der Kirche ums Dorf fahren, morgen wird eine andere Sau durchs Dorf getrieben, die Welt ist ein

Dorf, Krethi und Plethi (= Hinz und Kunz; bezieht sich auf die Kreter und Philister), ein Prediger in der Wüste sein

Woher kommt „Eulen nach Athen tragen"?

Eulen nach Athen zu tragen bedeutet, man tut etwas, das völlig unnötig und überflüssig ist. Diese Redensart geht bis ins antike Griechenland zurück. Da in Athen die Eule auf die Rückseite der Münzen geprägt war, wurden die Münzen der Athener umgangssprachlich auch als „Eulen" bezeichnet. Damals war Athen eine sehr reiche Stadt und somit war es nicht notwendig, Eulen (im Sinne von Münzen) dorthin zu tragen.

Aber die Redensart begründet sich nicht nur im Reichtum Athens, sondern auch im zahlreichen Vorhandensein echter Eulen. Die Eule war nämlich auch das Symbol der Göttin Athene, unter deren Schutz Athen stand. Belegt ist die Redensart erstmals in der satirischen Komödie „Die Vögel" des antiken griechischen Dichters Aristophanes. Laut ihm waren die Athener so reich, weil in ihren Beuteln „Eulen" nisteten. Zu diesem Ausdruck haben sich im Laufe der Zeit viele analoge Redensarten entwickelt, so zum Beispiel „Holz in den Wald tragen".

Warum tragen wir manchmal „Eulen nach Athen"?

Themenfotos:

„International Global Business Concept" © niroworld – Fotolia.com
„Baiardo, Ligurien" © Michael Thoss
„Perinaldo, Ligurien" © Michael Thoss

Ihre Notizen:

....

....

Kapitel 22

Verbrechen und Kriminalität

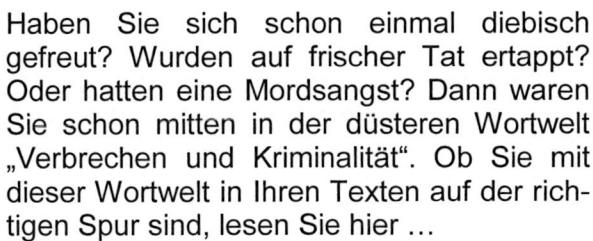

„Europa zieht auf diesem EU-Gipfel die
Daumenschrauben an."

„Buchstäblich über Leichen gehen"

„Der Kongress hat den Unternehmen eine
Galgenfrist bis Dienstag gegeben."

Zum Einstieg …

Haben Sie sich schon einmal diebisch
gefreut? Wurden auf frischer Tat ertappt?
Oder hatten eine Mordsangst? Dann waren
Sie schon mitten in der düsteren Wortwelt
„Verbrechen und Kriminalität". Ob Sie mit
dieser Wortwelt in Ihren Texten auf der richtigen Spur sind, lesen Sie hier …

Erklärung

Der Konkurrenz die Schau stehlen?

Jetzt wird's spannend. Warum in dieser Wortwelt aber auch Gefahren lauern, erfahren Sie gleich ...

In der Wortwelt „Verbrechen und Kriminalität" sein Unwesen zu treiben kann einen Mordsspaß machen! Tummeln sich in Ihren Texten Ausdrücke aus diesem finsteren Milieu, können Sie damit Ihre Leser fesseln und auf die Folter spannen. So erzeugen Sie auch düstere Stimmung. Gefährlich wird's aber, wenn Sie lügen, dass sich die Balken biegen, und krumme Dinger machen. Damit drehen Sie sich selbst einen Strick und schlagen Ihre Leser womöglich in die Flucht.

Tonlage

Ein heißes Pflaster ...

Teilen Sie Ihre Munition gut ein, bevor Sie schießen.

Der berüchtigte Gangsterboss Al Capone würde sich in dieser Wortwelt so wohl fühlen wie in seinem Verbrechernest. Auf diesem heißen Pflaster gilt es, eine reine Weste zu bewahren und nicht zu schnell zu schießen: Verwendet man zu viele Ausdrücke aus der Wortwelt „Verbrechen und Kriminalität", bekommt man mit seinen Texten schnell Dreck am Stecken. Denn hier kann es ganz schön brutal werden! Und wenn Sie Ihrem Text diesen Strick umlegen, können Sie Ihre Leser sogar zum Schweigen bringen ...

Beispiele aus Literatur und Presse

„Geliebt zu werden kann eine Strafe sein. Nicht wissen, ob man geliebt wird, ist Folter."
Robert Lembke

„Gewalt ist die Waffe des Schwachen."
Mahatma Gandhi

„Hundert Menschen schärfen ihren Säbel, Tausende ihre Messer, aber Zehntausende lassen ihren Verstand ungeschärft, weil sie ihn nicht üben."
Johann Heinrich Pestalozzi

Beispiele

„Die Meinungsfreiheit wird stranguliert"
Ein Österreicher muss sich wegen der Aussage „ehrlicher Schlepper" vor Geric'

Quelle:
Welt Kompakt, 04.02.14, S. 6

Eine heiße Spur nach zwei Jahrzehnten
Kriminalität Nach dem Mord an einem Bad Wörishofer Anwalt im Jahr 1993 ist die Kripo den Tätern nun
f den Fersen. Der entscheidende Zeuge hatte bislang aus Angst geschwiegen. Die Belohnung v

Quelle: Augsburger Allgemeine, 24.08.13, S. 9

Linke kritisiert «Durchpeitschen» des Stadtwerkes im Ausschuss
Mittwoch, 23. Oktober 2013, 18:29 Uhr

Quelle: Bild Online, www.bild.de/regional/berlin/ linke-kritisiert- durchpeitschen-des- stadtwerkes- 33101038.bild.html, 23.10.13

Wörter und Wendungen

Mit diesen Ausdrücken schießen Sie scharf!

Kriminelle Machenschaften: Sein Unwesen treiben, dunkle Geschäfte, Schweigegeld, jmdn. zum Schweigen bringen, Scheingeschäfte, nach Strich und Faden betrügen, heißes Pflaster, krumme Dinger drehen, auf die krumme Tour, Dreck am Stecken haben, heiße Ware, etw. fälschen, Fälschung, Falschgeld, illegale Machenschaften, die Gegend unsicher machen, Schmiere stehen, jmdn. bis aufs Blut aussaugen, jmdn. über den Tisch ziehen, durch die Maschen des Gesetzes schlüpfen, lügen bis sich die Balken biegen, schwarze Konten, auf die schiefe Bahn geraten, dealen

Mit Gewalt: Etw. mit Füßen treten, jmdn. mit etw. überfallen, jmdn. auf die Folter spannen, jmdm. Daumenschrauben anlegen / ansetzen / anziehen, in der Gewalt von jmdm. sein, die Gewalt über jmdn. / etw. haben, jmdm. die Pistole auf die Brust setzen, wie aus der Pistole geschossen, die Peitsche knallen lassen, etw. durchpeitschen, zuschlagen (i. S. v. die Gelegenheit nutzen), gewaltig, mit aller Gewalt

Mordlustig: Mordskerl, Mordsspaß, Mordsangst, Mord und Totschlag, mörderisch, einem Selbstmord gleichen, Selbstmordkommando, eine Leiche im Keller haben, über Leichen gehen, nur über meine Leiche, jmdm. / etw. den Todesstoß

versetzen, für etw. töten können, die Zeit totschlagen, etw. totreden, jmdn. mit Blicken töten, jmdn. um die Ecke bringen, jmdn. / etw. auf dem Gewissen haben, jmdm. das Licht ausblasen, jmdn. unter die Erde bringen, an jmds. Händen klebt Blut, in die Luft jagen, einen Anschlag verüben, Kapitalverbrechen

Von Gaunern und Ganoven: Schlitzohr, Schlawiner, Hochstapler, Halunke, Halsabschneider, Ganove, Gauner, Beutelschneider, dicker Fisch, Kavaliersdelikt, Schurke, eine Schurkenseele haben, Lump, sich nicht lumpen lassen

Messerscharf: Ins offene Messer laufen, jmdm. das Messer an die Kehle / auf

Wichtige Wendungen auf einen Blick:

Kriminelle Machenschaften

jmdn. über den Tisch ziehen	Gelegenheit macht Diebe	sich diebisch freuen
mit jmdm. Pferde stehlen können	jmdn. zum Schweigen bringen	

Mit Gewalt

jmdm. Daumenschrauben anlegen	wie aus der Pistole geschossen	jmdn. mit etw. überfallen
etw. durchpeitschen	ins offene Messer laufen	jmdn. auf die Folter spannen

Mordlustig

Mordsspaß	Mordsangst	über Leichen gehen
etw. totreden	die Zeit totschlagen	

In der Schlinge

jmdm. etw. anhängen	fesselnd sein	die Schlinge enger ziehen
jmdm. einen Strick aus etw. drehen	Galgenfrist	

Flucht und Festnahme

jmdn. auf frischer Tat ertappen	jmdm. auf die Schliche kommen	eine heiße Spur verfolgen

die Brust setzen, jmdn. ans Messer liefern, jmdm. das Messer in die Hand geben, ein Kampf bis aufs Messer, die Messer schärfen, die Messer zücken

Jetzt wird's diebisch: Etw. ergaunern, sich diebisch freuen, diebische Elster, Gelegenheit macht Diebe, jmdm. die Schau stehlen, jmds. Herz stehlen, sich davonstehlen, mit jmdm. Pferde stehlen können

In der Schlinge: Galgenfrist, Galgenvogel, Galgenhumor, am Galgen hängen, die Schlinge enger ziehen, den Kopf aus der Schlinge ziehen, jmdm. die Schlinge / den Strick um den Hals legen, jmdm. einen Strick aus etw. drehen, zum Strick greifen, wenn alle Stricke reißen, fesselnd sein, jmdn. fesselt etwas, jmdm. etw. anhängen

Flucht und Festnahme: Verdachtsmoment, Fersengeld geben, die Flucht ergreifen, jmdn. in die Flucht schlagen, auf eine falsche Fährte locken, auf der Lauer liegen, jmdm. auf die Schliche kommen, jmdn. auf frischer Tat ertappen, Verfolgungsjagd, eine heiße Spur verfolgen, sich geschlagen geben, jmdn. aus dem Verkehr ziehen, Kreuzverhör, Tatort, jmdn. vor den Kadi zitieren, jmdn. in Ketten legen, hinter schwedischen Gardinen sitzen

So ein Schlitzohr!

Was ist eigentlich ein „Schlitzohr"?

Dieser Ausdruck bezeichnet jemanden, der clever, gerissen und hinterlistig ist. Aber woher kommt er? Hier gibt es zwei Erklärungen, die sich im Laufe der Zeit durchgesetzt haben:

Nr. 1: Der „Schlitz" im Ohr ist darauf zurückzuführen, dass im finsteren Mittelalter Betrügern und anderen Verbrechern zur Strafe die Ohren aufgeschlitzt oder ganz abgetrennt wurden. Ganz schön brutal. Damit brandmarkte man sie in der Öffentlichkeit für ihre Schandtaten. Ein geregeltes Leben inmitten der Gesellschaft war so fast unmöglich. Also mussten sie sich weiterhin so durchschlagen, wie wir es heute als „schlitzohrig" bezeichnen.

Erklärung Nr. 2 reicht ebenfalls ins Mittelalter zurück: Unter Handwerkern war es üblich, als Zeichen der Zunft-zugehörigkeit einen Ohrring zu tragen – meist das Wert-vollste, was sie bei sich hatten. Ließ sich der Handwerker einmal etwas zuschulden kommen, dann bestrafte man ihn, indem man ihm den Ohrring ausriss und so aus der Zunft ausschloss. Daher wiederum der Schlitz im Ohr. Und auch in diesem Fall musste der Betroffene nun ein Leben als „Schlitzohr" führen.

Ihre Notizen:

....

....

Themenfotos:
„handcuffs" © lucadp – Fotolia.com
Pumpkin_2 – stock-xchng
„Real fingerprint in white background" © Andrey Burma-kin – Fotolia.com
„Tatort" © PixelPower – Fotolia.com

Ihre Notizen:

....

....

Kapitel 23

Zum Schluss:
Denkanstöße & Spielwiese

Ihr Schlusskapitel liefert noch einmal Hintergrundwissen: In Teil 1 lesen Sie, wie das Kopfkino Ihrer Leser „angeregt" wird, wie Erkenntnisse der Gehirnforschung für bessere Texte sorgen oder wie Sie Ihre Sprache direkt an der Wahrnehmung des Gegenübers ausrichten. Teil 2 zeigt dann ganz praktisch Wortwelten „in der Anwendung".

Teil I: Denkanstöße

Ein Ausflug ins Theater und in das menschliche Gehirn

Neue Sinnzusammenhänge entstehen, eine Wendung oder ein Wort wird aus einem bestehenden Zusammenhang genommen und erscheint in neuem Bezug ...

Warum Wortwelten? Teil 1 des Schlusskapitels liefert Denkanstöße.

Je nach verwendeter Wortwelt betonen Sie unterschiedliche Facetten des Inhalts.

Natürlich sind Wortwelten gerade deshalb eine große Spielwiese und eine Stimulation des Kopfkinos. Wie wirken Aussagen, wenn Sie unterschiedliche Wortwelten nutzen? Welche zusätzlichen Gedanken, Assoziationen und Eindrücke transportieren wir allein durch die bewusste Auswahl einer Wortwelt? Mit unterschiedlichen Welten kommen kleine, aber feine Nuancen in die Sprache, die verschiedene Facetten eines Geschehens beleuchten. Und sie verraten – beabsichtigt oder nicht – auch eine Menge über den Schreiber.

Das letzte Kapitel will Sie nun ein wenig in diese Spielwiese entführen und noch mehr Appetit machen. Es präsentiert nicht nur viele Beispiele, sondern liefert Ihnen weitere Hinweise, wie Sie dieses Lexikon im Alltag einsetzen können. Los geht's!

Wortwelten als Spiegel und Kulisse

Sprache ist ein Spiegel der Realität: Nutzen Sie Wortwelten mit aktuellem Bezug.

Natürlich ist Sprache immer auch ein Spiegel der Wirklichkeit. Was uns gerade bewegt, findet sich in unseren Wörtern, ganz besonders in Wortbildern wieder. Denken Sie doch noch einmal an die Fußballweltmeisterschaft 2014. Die Nation war ein Team, beseelt von Sportsgeist und Sportmetaphern. Niemand wurde „ins Abseits gestellt", wer konnte, blieb vor dem Fernsehgerät, aber auch im Job „am Ball" und lieferte durch gute Vorabinformationen „eine Steilvorlage" für die Rede des Chefs zum Endspiel. So tauchen in Jahren sportlicher Großereignisse wie der Olympiade, der Fußball-WM oder -EM viele Sportbilder in der Sprache auf. Denn Menschen lassen sich in solchen Zeiten von Sportbildern einfacher abholen, weil die verwendeten Wörter und Wendungen in der realen Welt sehr gegenwärtig sind.

Natürlich lässt sich dieses Phänomen auch in der Umkehrung als ganz bewusstes Setzen von Stimmungen nutzen. Hier baut man als Schreibender die Kulisse für die nachfolgenden Aussagen auf. Das Stichwort: „Storytelling". Denn solche Kulissen sind wichtige Grundlage für das Erzählen von Geschichten. Ein Beispiel:

Die Situation war für unser kleines Unternehmen mal positiv und mal negativ. Wie die Zukunft wird, können wir nicht prognostizieren. Wir freuen uns, dass Sie bei uns sind!

Für diesen Beispielsatz wählen wir nun die Kulisse „Seefahrt" …

… Unser kleines Unternehmen ist wie ein Boot, das schon viele Stürme überstanden hat. Noch viele Abenteuer warten auf uns. Und wir sind froh, dass Sie Teil der Crew sind!

… oder die Kulisse „Sport":

Bis jetzt haben wir uns immer gut geschlagen. Aber noch viele Wettkämpfe warten auf uns. Schön, dass Sie zum Team gehören!

Plötzlich klingt unser Beispielsatz spannend und ganz anders. So ist der Chef gut bedient, der es schafft, den Teamgeist seiner Mannschaft zu beschwören. Und das geht nun einmal wesentlich leichter, wenn Sie Zuhörer in ein spannendes Bild mitnehmen. Leichter als durch trockene, womöglich noch sehr abstrakte Apelle an die nötige Leistungsbereitschaft. Wie viel stärker sind doch die oben skizzierten „Einer gegen alle"-, „David gegen Goliath"- oder „Wettkampf"-Szenarien, die Ihre Zuhörer oder Leser in eine große Gruppe stellen und ein Wir-Gefühl erzeugen.

Doch es gibt einen weiteren Aspekt von Wortwelten, der an dieser Stelle kurz erwähnt sein soll. Noch immer geistern Wörter und Wendungen durch unsere Sprache, die

Eine andere Möglichkeit: Sie bestimmen selbst die Kulissen Ihres Textes. So lassen sich ganz bewusst Stimmungen und Assoziationen setzen.

Wie könnte man noch sagen? Übersetzen Sie doch diesen Textabschnitt in die Welt des Verkehrs. Die Wendungen finden Sie ab Seite 107.

Entführen Sie Ihre Leser in spannende Bildwelten.

Ganz wichtig: Überprüfen Sie kritisch, welche Assoziationen Ihre Sprachbilder erzeugen.

gewalttätig sind (ein „Argument erschlagen", „Totschlagargument" usw.) oder die rassistisches Gedankengut transportieren. Hier muss man für die eigene Sprache eine Grenze ziehen. Deshalb gilt – wie schon erwähnt – auch beim Einsatz der militärischen Wortwelt ein großes „Vorsicht!". Halten Sie das Kopfkino frei von geschmacklosen und abstoßenden Szenen!

An Bekanntes andocken: Wie Sie mit Bildern argumentieren …

Argumentieren mit Wortwelten ist eine elegante Lösung, um bildhaft und spannend zu überzeugen.

Selbstverständlich können wir in Bildern argumentieren. Jeder Verkäufer weiß das. Während eine logisch-analytische Argumentation mit vielen abstrakten Begriffen anstrengt und große Aufmerksamkeit erfordert, zeigt bildhafte Sprache sofort, worum es geht. Das Kopfkino des Lesers oder Zuhörers wird aktiv. Vorausgesetzt, Sie treffen ein Bild, das Ihr Leser erkennt und das ihn anspricht. Nehmen wir zum Beispiel das Sprachbild „in steuerliche Untiefen geraten". Wenn wir etwas sprachlich so darstellen, hat das Lesergehirn schon einen Analogieschluss gezogen: „Steuern sind vergleichbar mit der Unberechenbarkeit von Untiefen", …

„Das ist vergleichbar mit …" – die Übersetzungsformel für Ihren Text.

Gut so. Denn mit einem „Das ist vergleichbar mit …" lässt sich gut argumentieren. Denn Ihren Kunden und Zusehern präsentieren Sie auf der Leinwand des Kopfkinos nun die Lösung. Zunächst aber noch nicht in den abstrakten Details, sondern Sie argumentieren nun in Wortwelten weiter, um den Film auf die positive Seite zu bringen. D. h. auch für Ihre Lösung übersetzen wir mit „Das ist vergleichbar mit …" in griffige Bilder für die Leinwand des Kopfkinos: Da will man durch die Aktivitäten der nächsten Zeit „ein festes Fundament aufbauen", wieder „Land gewinnen" oder „in sicheres Fahrwasser" kommen, damit man „klaren Kurs halten" kann, um auf ein besseres Ergebnis „zuzusteuern".

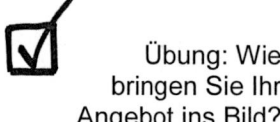

Übung: Wie bringen Sie Ihr Angebot ins Bild?

Übrigens: Dieses Argumentieren in Bildern kennen Sie schon. Zum Beispiel aus der Religion, der Literatur, immer auch angewendet in Coaching, Training oder Therapie. Gleichnisse oder Parabeln nennt man diese metaphorische Darstellung von Geschehnissen oder Sachverhalten in Form von Geschichten. Hier werden per Übertragung Rollen angeboten oder Ereignisse und Verhalten in neuen Kontexten dargestellt, die leichter fassbar sind.

Schwierige Zusammenhänge werden anschaulich, greifbar und verständlich.

Und die logische Argumentation, die zahlreichen Details? Ja, interessengeleitet in der Werbung. Wenn wir begeistert nach Details verlangen. Ja, in der Wissenschaft. Dort sind sie ein Muss. Ja, wenn man die stärkeren Bilder mit Inhalt füllt. Und dann die Analogie sachlich begründet. Wer hier zu schnell „Manipulation" denkt, vergisst: Auch das gehört zur Professionalität des Redners oder des Schreibers in Werbung, PR und Journalismus: Den Leser an unbekannte Themen heranzuführen, interessengeleitete Wahrnehmung aufzubauen. Und das tut man durch „Bildbrücken" in die Komplexität. Gerade weil wir ein Interesse daran haben sollten, dass unsere Leser oder Zuhörer die komplexen Sachverhalte eines Themas oder Unternehmens verstehen. Um es mit einem geflügelten Wort Wolf Schneiders zu sagen: „Der Schreiber muss sich plagen und nicht der Leser!"

Bauen Sie durch starke Bilder Interesse am Thema auf!

Wie Wörter im Gehirn wirken: Wählen Sie die „Tigersprache" …

Wenn es um die Sprache ging, unterschied man in der Gehirnforschung bis vor einigen Jahren zwei Areale in der linken Hälfte des Großhirns: Das Wernicke- und das Brocca-Areal. Im Wernicke-Areal findet das Verstehen von Sprache statt, das Brocca-Areal ist für die Sprachproduktion zuständig. Und in beiden Arealen sollte auch der Speicherplatz für Wörter sein. Meinte man. Denn diese Sicht ist heute überholt. Zunächst gilt: Während links Wörter und Grammatik verarbeitet werden, hat auch die rechte Seite des Großhirns mit Sprache zu tun. Sie ist für Sprachmelodie, Ton und Klang zuständig. Allerdings

Ein Ausflug in die Gehirnforschung. Wie funktioniert „in Bildern denken"?

Wo Wörter im Gehirn verarbeitet werden, entscheidet mit über ihre Wirkung.

sorgten neuere Untersuchungen für eine Überraschung: „Wörter werden an unterschiedlichsten Stellen im Gehirn verarbeitet und gespeichert. Und diese feinen Unterschiede in der Wortverarbeitung und Sprachverarbeitung sind es, die darüber entscheiden, ob eine Werbebotschaft oder ein Produktangebot wirkt oder nicht", so Hans-Georg Häusel in seinem Buch „Brain Script".

Was das bedeutet? Die unterschiedliche Speicherung von Wörtern hat etwas mit den Funktionen der Sprache zu tun:

Sprache ordnet, emotionalisiert und bewegt.

Sprache macht kenntlich und schafft Klarheit. Mal mehr bei bildhafter Sprache, mal weniger, wenn Sie abstrakte Wörter verwenden, die kein Bild abrufen.

Sprache emotionalisiert. Da Emotionen im Gehirn Vorfahrt haben, sind bildhafte und emotionale Wörter und Wendungen besonders stark. Denn in der Folge muss ja unter Umständen schnelles Handeln ausgelöst werden.

Sprache bewegt. Aktiviert ein Wort nicht nur das Bild- sondern auch das Bewegungsgehirn, das heißt die Stellen unseres Gehirns, die Bewegung steuern, wirkt es ebenfalls besonders stark.

Ein Beispiel ist die Überschrift dieses Kapitels. Hier ist sie in zwei Versionen:

Wie Wörter im Gehirn wirken:
Wählen Sie aktivierende Sprache!

Wie Wörter im Gehirn wirken:
Wählen Sie die Tigersprache!

Wecken Sie den Tiger in Ihrer Sprache!

Welcher Ausdruck bekommt wohl mehr Aufmerksamkeit: „Aktivierende Sprache" oder „Tigersprache"?

Ganz genau: „Tigersprache". Der Grund: Dieses simple Wort aktiviert andere Gehirnregionen als der abstrakte Ausdruck. Während unser Gehirn bei „aktivierende Sprache" sinnbildlich noch ruhig im Sessel bleiben kann, aktiviert der Tiger andere Gehirnbereiche: Jetzt ist Aufmerksamkeit angesagt, mögliche Gefahr droht. Angriff oder Flucht könnten nötig werden.

Zusammenfassung

Wie Wörter und Wendungen wirken: Eine Rangfolge

1. Stärkste Wirkung:

Bildhafte Wörter und Wendungen, die starke Emotionen auslösen (Starke Lust / Unlust in jeder Ausprägung).

2. Starke Wirkung:

Bildhafte Wörter und Wendungen, die weniger emotional sind, die jedoch Bewegung oder Handlung im weitesten Sinne auslösen.

3. Wirkung:

Bildhafte Wörter und Wendungen.

4. Weniger starke Wirkung:

Abstrakte Begriffe – und nicht bildhafte Wörter und Wendungen.

Rangfolge nach: Hans-Georg Häusel, Brain View, Haufe 2012.

Und nun überlegen Sie einmal, welche Wendung hat mehr Brisanz: wenn einer „den Stier bei den Hörnern packt", das „Problem direkt angeht" oder in „medias res geht"?

Übung: Welche Wendung ist stärker?

Zwei Quellenangaben zu diesem Kapitel:
Zum Thema „Gehirn" möchte ich Sie auf zwei Bücher aufmerksam machen, die nicht nur höchst interessant sind, sondern die ausführlich darstellen, was hier für den Bereich der Sprache verkürzt wiedergegeben wird.

Hans-Georg Häusel: Brain View. Warum Kunden kaufen. Planegg/München: Haufe, 2012.

Christian Scheier & Dirk Held: Wie Werbung wirkt. Erkenntnisse des Neuromarketing. Planegg/München: Haufe, 2012.

Wer liest da? Wie Sie Wortwelten auf die Wahrnehmung des Lesers ausrichten

Texte nach Maß für Ihre Zielgruppe: Näher dran heißt mehr Aufmerksamkeit.

Eigentlich ein „alter Hut". Aber immer wieder ein Thema in meinen Seminaren: Kann man mit Texten noch näher an den Menschen herangehen? Ja, man kann. Man kann seinen Text durch Wörter und Wendungen sogar ganz klar auf das Wahrnehmungssystem seines Gegenübers ausrichten. Bekannt ist das schon lange. Und eingesetzt wird es auch seit vielen Jahren: vor allem im Telefonmarketing, aber auch in der schriftlichen Kommunikation.

Mit Ihren Worten steuern Sie, welches Wahrnehmungssystem bevorzugt angesprochen wird: sehen, hören oder fühlen.

Warum sind Beschreibungen ein und derselben Sache durch verschiedene Menschen oft so unterschiedlich? Warum werden Dinge überhaupt „falsch" verstanden? Ein Grund: Unterschiedliche Menschen bevorzugen unterschiedliche Wahrnehmungssysteme.

Während der eine Zustimmung mit „das sieht gut aus" signalisiert, sagt ein zweiter „das klingt gut", ein dritter formuliert „da hab ich ein gutes Gefühl". Nummer 1: der Augenmensch oder „visuelle Typ", Nr. 2: der Ohrenmensch oder „Audiotyp", Nr. 3: der kinästhetische Mensch oder „Fühltyp".

Die Idee, diesem Aspekt besondere Aufmerksamkeit zu schenken, kommt aus den siebziger Jahren und der so genannten Neurolinguistischen Programmierung (NLP). Heute ist klar: In den seltensten Fällen ist nur ein einziges Merkmal ausgeprägt, denn alle Menschen sind eine Kombination von Video-, Audio- und Gefühlstyp (+ Geschmacks- und Geruchstyp, die wir hier vernachlässigen können). Nun ist es zwar so, dass etwa drei Viertel aller Menschen das visuelle System als bevorzugtes Wahrnehmungssystem nutzen, trotzdem bevorzugt fast ein Viertel Gehör und Gefühl. Und dieses Viertel ist kaum mit visuellen Wörtern und Wendungen zu erreichen. Dazu kommt: Wir reagieren in unterschiedlichen Situationen unterschiedlich.

Nun kommen im normalen Gespräch alle Aspekte unserer Persönlichkeit zur Wirkung. Visuelle Eindrücke, Gehörtes und Gefühltes tauchen in Form bestimmter Worte und Redewendungen in unserer Sprache auf. In manchen Situationen oder mit manchen Gesprächspartnern dominieren allerdings einzelne Eindrücke. Gelingt es, sich im Gespräch darauf einzustellen, wird die Kommunikation wesentlich erleichtert. Wenn wir ein Gemälde beschreiben, nutzen wir visuellen Wortschatz. Erzählen wir über das Konzert von gestern Abend, loben wir, wie der so genannte Audiotyp, in den höchsten Tönen. Und wenn wir telefonisch reklamieren oder in Wut geraten, reagieren wir sehr kinästhetisch und lassen unseren Gefühlen freien Lauf. Natürlich gibt es auch Wörter, die „neutral" sind. Dazu gehören denken, entscheiden, motivieren, usw. Trotzdem gilt: Man erkennt das bevorzugte Wahrnehmungssystem in der Wortwahl des Gegenübers.

Im Text hat man nun kein direktes Gegenüber. Oft bietet aber das Wissen über die Zielgruppe erste Anhaltspunkte. Welchem Wahrnehmungstyp würden Sie beispielsweise Sänger, Fotografen, Architekten zuordnen? Doch nicht immer ist die Zuordnung so klar. Dann sollten Sie überprüfen, welche Aspekte Ihre Zielgruppe wohl am meisten ansprechen. Am besten setzen Sie textliche Reize für die wichtigen drei Wahrnehmungssysteme: Schreiben Sie in jedem Fall bildhaft, nutzen Sie aber auch Schlüsselwörter und Wendungen, um audioorientierte und kinästhetische Leser besonders zu aktivieren.

Im Lexikon der Wortwelten werden Sie bevorzugt an den folgenden Stellen fündig:

Visuell orientiert
- Wortwelt „Wetter und Natur": Wendungen zu den Begriffen Sonne, Licht
- Wortwelt „Der menschliche Körper": Wörter und Wendungen rund um das Auge
- Wortwelt „Farben und Malen"

Beispiele: *Etwas fokussieren / eine Szene machen / in den Brennpunkt oder Fokus rücken / etwas ins Licht rücken* usw.

Etwa drei Viertel der Menschen sind zunächst visuell orientiert.

Zu welchem Typ gehört Ihre Zielgruppe?

Hier finden Sie Wendungen für den visuellen Typ.

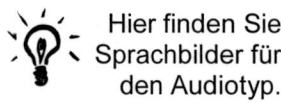 Hier finden Sie Sprachbilder für den Audiotyp.

Audio-orientiert
- Wortwelt „Musik"
- Andere Wortwelten, immer wenn es um Klang, Ton oder Geräusche geht

Beispiele: *Die erste Geige spielen / ganz Ohr sein / mit halbem Ohr zuhören / alles ausposaunen / röhrender Auspuff / der Wind heult ums Haus* usw.

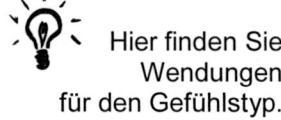 Hier finden Sie Wendungen für den Gefühlstyp.

Kinästhetisch orientiert
- Wortwelt „Der menschliche Körper": bevorzugt Wörter und Wendungen rund um Arm und Hand
- Wortwelt „Nadel, Faden und Werkstatt": immer wenn's um das Anpacken geht
- Wortwelt „Sport": immer wenn's um den Körper geht

Beispiele: *Den Stier bei den Hörnern packen / ein Klotz am Bein sein / unter die Arme greifen* usw.

 Zusammenfassung

Ihr Wortwelten-Lexikon bietet Ihnen also zahlreiche Alternativen, damit Sie Ihre Leser noch eindringlicher und mit noch mehr Aufmerksamkeit erreichen. Und das ist besonders wichtig für alle,
- die mit ihrer Sprache Produkte, Dienstleistungen oder Marken in Szene setzen müssen,
- die mit Texten verkaufen,
- die auf wenig Raum mit wenigen, aber treffenden Worten hohe Aktivierung erreichen müssen.

Teil II: Die Spielwiese

Über die vielen Möglichkeiten, etwas anders zu sagen …

Probieren wir's und betreten die Spielwiese. Jetzt jonglieren wir einfach mit Wörtern und Wendungen und sagen Dinge anders. Wie klingt eine Kontaktanzeige in unterschiedlichen Wortwelten? Oder wie sagen Sie „schneller", ohne dieses Wort in den Mund zu nehmen? Spielen Sie mit!

Wie setzt man Wortwelten ein? Teil 2 des Schlusskapitels liefert ganz konkrete Beispiele.

Acht Möglichkeiten, ein Projekt zu beenden …

Ein Schlüsselwort für unser Beispiel: das Wort „Projekt". Nun geht es darum, in markiger Sprache ein Projekt zu beenden. „Erfolgreich" oder „durch Abbruch". Hier sind Ihre Bild-Alternativen:

- *das Projekt in trockene Tücher bringen*
- *das Projekt ins Ziel bringen*
- *einen Schlussstrich ziehen*
- *den Schlusspunkt setzen*
- *den Stecker ziehen*
- *das Handtuch werfen*
- *die Notbremse ziehen*
- *den letzten Akt einläuten*

Sieben Möglichkeiten, auf den Punkt zu kommen

Wie sagt man das? Ohne lang herumzureden, will man gleich zu den wichtigen Argumenten kommen. Hier sind Ihre Möglichkeiten:

- *auf den Punkt kommen*
- *in medias res gehen*
- *den Stier bei den Hörnern packen*
- *zum Kern vorstoßen*
- *nicht um den heißen Brei herumreden*
- *das zentrale Thema in den Blick nehmen*
- *des Pudels Kern ansprechen*

Sechs teamorientierte Wendungen

Den Teamgeist beschwören. Mit welchen Wörtern oder Wendungen gelingt es? Sicher mit einem Blick in die Wortwelten Sport, Musik oder Seefahrt.

- *im Team spielen*
- *zur Mannschaft gehören*
- *an einem Strang ziehen*
- *das gleiche Lied singen*
- *harmonisch zusammenspielen*
- *im Gleichklang sein*

Fünf Möglichkeiten, um „schneller" zu sagen

- *Vollgas geben*
- *den Turbo einschalten*
- *Volldampf voraus*
- *auf die Tube drücken*
- *einen Zahn zulegen*

Vier prickelnde Möglichkeiten, auf Partnersuche zu gehen

Wie findet man die richtigen Worte? Mit Ihrem Wortwelten-Lexikon ist das einfach: Wortwelt heraussuchen und los geht's. Was Sie brauchen, steht in Ihrem Lexikon. Und das sorgt dafür, dass eine einfache Kontaktanzeige „noch mehr Pep" bekommt.

Wortwelt „Zu Tisch"

Männlich, 65, Küchenchef aus Augsburg: Suche Traumfrau mit Biss, die mich zum Kochen bringt und meinem Leben die richtige Würze verleiht. Auf den Geschmack gekommen? Dann ruf mich an und wir lassen gemeinsam die Sektkorken knallen.

Wortwelt „Wetter und Natur"

Männlich, 65, wetterfest: Suche Traumfrau, die mein Herz im Sturm erobert, ein sonniges Gemüt hat und auch in stürmischen Zeiten einen kühlen Kopf bewahrt. Schwebe mit mir auf Wolke sieben und melde dich bei mir.

Wortwelt „Farben und Malen"

Männlich, 65, Lebenskünstler, sucht nette Sie, die meinen grauen Alltag bunter gestaltet und eine malerische Zeit mit mir verbringen will. Melde dich bei mir. Ich bringe Farbe in dein Leben und gebe dir grünes Licht für eine Zukunft wie aus dem Bilderbuch.

Gut gepflegter Oldtimer, Baujahr 1950, aus Augsburg sucht Beifahrer. Das Fahrzeug weist zwar schon einige Rostbeulen auf, ist aber immer noch gut in Schuss und gibt auch heute noch gerne Vollgas.

Wortwelt „Verkehr"

Drei neue Bilder für den Bürgermeister

Im Startkapitel haben wir Ihnen ein Logbuch vorgestellt, in dem der Bürgermeister einer Stadt eine Bilanz seiner Arbeit zieht – und dabei die Wortwelt der Seefahrt nutzt. Wir haben nun einfach in unserem Lexikon geblättert und Alternativen gesucht. Fündig wurden wir in den Wortwelten „Theater" und „Wetter".

Auf Schiffen werden die wichtigsten Ereignisse und Stationen stichwortartig in einem Logbuch festgehalten. Auch eine Stadt muss ‚seetüchtig‘ sein, um nicht nur in ruhigen Zeiten zu bestehen, sondern genauso gut Stürme unbeschadet überstehen zu können. Dabei kommt es auf eine qualifizierte und hoch motivierte Mannschaft an. Und das Team am Steuer muss das Ziel kennen und sich über den Kurs einig sein.

Wortwelt „Seefahrt"

Im Theater muss man jede Aufführung gut über die Bühne bringen. Auch eine Stadt steht oft im Rampenlicht. Kann sie sich für die vielen modernen Bedürfnisse immer wieder neu in Szene setzen? Hier kommt der Regie eine tragende Rolle zu. Und es kommt mehr denn je auf die Besetzung an. Sie muss sowohl auf der Bühne als auch hinter den Kulissen qualifiziert und hoch motiviert sein.

Wortwelt „Theater"

Wie im echten Leben, gibt's auch in der Stadtpolitik „alle Wetter". Auch eine Stadt muss in vielen Stürmen erprobt sein, um nicht nur bei eitel Sonnenschein zu bestehen, sondern genauso gut Schattenseiten und Donnerwetter überstehen zu können. Dabei kommt es auf hoch motivierte Menschen an, die stets einen kühlen Kopf bewahren.

Wortwelt „Wetter und Natur"

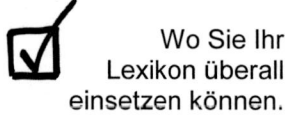

Wo Sie Ihr Lexikon überall einsetzen können.

Noch mehr Übungen …

Wie sagt man sympathisch, dass man ein Ziel einmal nicht erreicht? Wie macht man aus „vielen Bestandteilen" ein Bild, das dem Leser gefällt? Wie beschreibt man bildlich, dass man für seine Kunden alles tut, was möglich ist? Dass man sich besonders ansprechend präsentiert?

Es gibt zahlreiche Wege, Ihr Lexikon zu nutzen: im Brainstorming, beim Texten, zum schnellen Nachschlagen, zum Schmunzeln und, und, und …

Viel Spaß damit!

Geschafft: Hier ist das Ziel!

Viel Spaß: Starten Sie!

Nach dem Schluss geht's richtig los. Die Beispiele des letzten Kapitels sollten Ihnen einfach noch einmal Appetit machen. Appetit auf mehr. Denn jetzt sind Sie dran. Wir empfehlen, Ihr Wortwelten-Lexikon immer in kleiner Dosierung zu sich zu nehmen. Beim Texten und bei der Ideenfindung ist es ein Werkzeug, das auf Ihren Schreibtisch und in Ihre Hand gehört.

Wenn Ihnen Ihr Lexikon gefällt, stöbern Sie doch einmal im Buchprogramm des SGV Verlages oder holen Sie sich Ihren kostenlosen Textertipp auf www.texterclub.de.

Vielleicht sehen wir uns auch einmal bei einem meiner Seminare und Vorträge. Dann freue ich mich einfach schon jetzt auf ein persönliches Kennenlernen. Termine und Details finden Sie ebenfalls auf der Internetseite des Texterclubs.

Viele Ideen mit Ihrem Lexikon der Wortwelten wünscht Ihnen

Stefan Gottschling

Literaturverzeichnis

Dudenredaktion (Hrsg): Duden. Band 1. Rechtschreibung der deutschen Sprache. 26. Auflage. Berlin: Bibliographisches Institut GmbH, 2013.

Dudenredaktion (Hrsg): Duden. Band 11. Redewendungen. Wörterbuch der deutschen Idiomatik. 2., neu bearbeitete und aktualisierte Auflage. Mannheim, Leipzig, Wien, Zürich: Bibliographisches Institut & F. A. Brockhaus AG (Dudenverlag), 2002.

Gottschling, Stefan: Stark texten, mehr verkaufen. Kunden finden, Kunden binden mit Mailing, Web & Co. 3., überarbeitete und erweiterte Auflage. Wiesbaden: Gabler Verlag, 2008.

Gottschling, Stefan: Einfach besser texten. 4., überarbeitete Auflage. Offenbach: Gabal Verlag, 2010.

Gottschling, Stefan: Texten! Das So-geht's-Buch®. 2. Auflage. Augsburg: SGV Verlag, 2013.

Gottschling, Stefan: Werbebriefe einfach machen!. Das So-geht's-Buch® für verkaufsstarke Briefe. 4., erweiterte und überarbeitete Auflage. Augsburg: SGV Verlag, 2013.

Gottschling, Stefan (Hrsg.): Marketing-Attacke. Das So-geht's-Buch® für messbar mehr Verkäufe. 2. Auflage. Augsburg: SGV Verlag, 2009.

Gottschling / Rechenauer: Direktmarketing. München: Manz Verlag, 1994.

Häusel, Hans-Georg: Brain View. Warum Kunden kaufen. 3. Auflage. Planegg bei München: Rudolf Haufe Verlag, 2012.

Kluge, Friedrich: Etymologisches Wörterbuch der deutschen Sprache. Bearb. Von Elmar Seebold. 24., durchgesehene und erweiterte Auflage. Berlin, New York: de Gruyter, 2002.

Reiners, Ludwig: Stilfibel. Der sichere Weg zum guten Deutsch. 29. Auflage. München: Deutscher Taschenbuch Verlag, 1998.

Röhrig, Lutz: Lexikon der sprichwörtlichen Redensarten. Band 4. 3. Auflage. Freiburg, Verlag Herder, 2006.

Scheier, Christian / Held, Dirk: Wie Werbung wirkt. Erkenntnisse des Neuromarketing. 2. Auflage. Planegg bei München: Rudolf Haufe Verlag, 2012.

Schneider, Wolf: Deutsch für Kenner. Hamburg: Gruner + Jahr, 1988/3.

Textor, A.M.: Sag es treffender. 43. Auflage. Reinbek: Rowohlt Taschenbuch Verlag, 2002.

Diese Literaturliste ist ein Ausschnitt der vielen Informationen, die hier eingeflossen sind. Sie soll einfach zum Lesen anregen. Auch die wichtigsten Internet-Quellen sind hier genannt.

Sie sollen Ihnen den weiteren Einstieg ins Thema vereinfachen und bei Bedarf die Recherche von Bedeutung und Herkunft der gesammelten Redensarten ermöglichen.

- http://www.geo.de/GEOlino/mensch/redewendungen/
- http://www.blueprints.de/wortschatz/
- http://www.wissen.de (diverse Beiträge zum Thema „Redensarten")
- http://www.redensarten-index.de

Stichwortverzeichnis

Der Autor

 Stefan Gottschling ist erfahrener Autor, Trainer, Berater und Texter aus Leidenschaft. Er ist Geschäftsführer des Texterclubs und des SGV Verlags sowie im Vorstand des IMW (Institut für messbare Werbung und Verkauf) und des BPWD (Bundesverband professioneller Werbetexter Deutschland e. V.). Der Dialogmarketing-Experte mit hoher Reputation im Markt gilt als einer der führenden Spezialisten für verkaufsstarke Texte und Konzepte.

Gottschling war mehrere Jahre als Texter und Kreativchef in einem Fachverlag tätig und berät noch heute zahlreiche Verlagsunternehmen. Als Geschäftsführer seiner Print- und Multimedia-Agentur erhielt er den deutschen PR-Preis, war Gründungsgesellschafter der Textakademie GmbH und dort lange Zeit Geschäftsführer. Viele Tausend begeisterte Zuhörer haben bis heute seine Texterseminare und Vorträge besucht.

Doch Kommunikation ist mit Social Media und Web 2.0 wesentlich dynamischer geworden. Auch das Lernen hat sich verändert. Deshalb gründete er 2011 den Texterclub, der als Seminaranbieter, Social-Media-Plattform und Kompetenz-Center Lernsysteme entwickelt und zahlreiche Wissensangebote bereitstellt.

Gottschling hat zahlreiche Fachbücher und Fachbeiträge veröffentlicht. Seine Bücher über das Texten gehören zu den Standardwerken der Texter-Ausbildung. Mit dem „Textinspektor" entwickelte er ein einfaches Werkzeug zur Qualitätssicherung und betreibt mit dem Texterclub auf Facebook eine Social-Media-Plattform für Texter. Seine Seminare hören Sie seit Anfang 2013 exklusiv in der Akademie des Texterclubs: www.texterclub.de.

Der monatliche Textertipp:
Und Ihr Lexikon „geht weiter" ...

Als Service für alle Leser schreibe ich jeden Monat einen neuen Textertipp. Melden Sie sich einfach unter www.texterclub.de für diesen kostenlosen E-Mail-Service an. Aktuelle Text-Themen, konkrete Praxishilfen oder Techniken, die Ihre Texte weiter verbessern, finden Sie dann jeden Monat in Ihrem Tipp. Praktisch und sofort umsetzbar. Einfach anmelden – und Ihr Lexikon wächst und wächst und wächst ...

Danke

Dieses Buch ist Teamwork und wir haben lange daran gearbeitet. Dass es entstehen konnte, ist das Ergebnis vieler Recherchen. Sprichwörter, Wörter und Wendungen mussten gesammelt und sortiert werden, zahllose Zeitungen, Zeitschriften und Internetseiten gesichtet und ausgewertet werden.

Deshalb an dieser Stelle ein großes Danke an alle, die zusätzlich als Redakteure oder Praktikanten im Verlag daran beteiligt waren. In der Recherche, als Sparringpartner oder Co-Autoren an manchen Stellen.

Ein großes Danke insbesondere für die 4., erweiterte und überarbeitete Auflage an Kristina Würz, Sonja Röhsler, Sarah Maria Remmelberger, Marina Kraus und Janna Conrad.

Weiter im Text …

… geht es mit noch mehr praktischen Büchern und Texter-Tools aus dem SGV Verlag.

Texten! Das So-geht's-Buch®

Alles, was ein Texter braucht! Dieses So-geht's-Buch von Stefan Gottschling ist großer Rundumschlag und Bedienungsanleitung in einem. Von den Grundlagen des Verkaufstextes bis in die neue Social-Media-Welt hinein.

Ganz konkret liefert es Text-Einsteigern wie Experten stimmige, funktionierende und führende Baupläne: für Print- und Online-Medien, für Teaser oder Pressemeldungen, für Prospekte, Online-Shops oder E-Mail-Newsletter. Mit dabei: über 30 Minuten Videomaterial. Für alle, die ihr Buch nicht nur lesen, sondern auch sehen und hören wollen.

Rechtschreibung! Das So-geht's-Buch® für Profi-Schreiber

Das ideale Werkzeug für Texter, Journalisten, Autoren, Blogger, Lektoren und andere Vielschreiber! Dieses große So-geht's-Buch ist ein kompakter Ratgeber, der Rechtschreibung mal nicht durch die Lehrerbrille, sondern aus der Sicht von Unternehmen und Schreib-Profis betrachtet. Kein Schulbuch, sondern Rechtschreibung für Erwachsene.

Was Sie erwartet: eine geballte Ladung Profi-Know-how – zusammengestellt von niemand Geringerem als „Rechtschreibpapst" Christian Stang. Absolut praxistauglich, mit den wichtigsten Regeln, vielen Beispielen und praktischen Übungen.

„Kauf mich!"-Kommunikation. Ein So-geht's-Buch®

„Verkauf" wird heute ganzheitlich verstanden. Und doch – kaum einer erwähnt dieses Wort. Den Weg, durch den eine Ware oder Dienstleistung zum Kunden kommt, beschreiben wir mit vielen Fachbegriffen. Und kennzeichnen damit unterschiedliche Wegmarken: Social-Media-Marketing, Database-Marketing, Crossmedia-Marketing ... Aber wie trimmt man die auf Verkauf?

Herausgeber Stefan Gottschling hat 21 ausgewiesene Experten aus Wissenschaft und Praxis mobilisiert, die sagen, wie's geht und wohin der Trend führt: 200 ganz konkrete Tipps und 100 größte Fehler zeigen, wie Verkauf heute wirklich funktioniert!

Texter-Tools:
Ihr praktischer Werkzeugkasten für bessere Texte

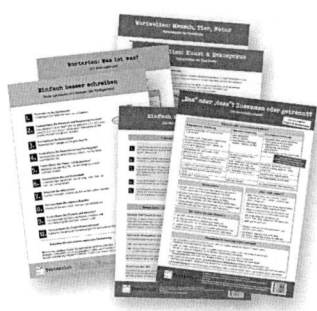

Texter-Tools sind die perfekten Helfer für Ihren Schreibtisch: praktisch, informativ und 100 % Klartext. Ein Werkzeugkasten, der immer weiter wächst. Die laminierten Tafeln im A4-Format liefern jede Menge kompaktes Wissen. Damit optimieren Sie Ihre Texte systematisch und schnell.

Perfekt zum Sammeln ...

Diese und viele weitere Themen warten auf Sie:

- Redigieren: Einfach besser schreiben!
- Kommasetzung: Typische Zweifelsfälle
- Rhetorik: Ihre Trickkiste für mehr Text-Power!
- SEO: Hoch im Kurs bei Google & Co.

Gleich stöbern und bestellen auf www.sgv-verlag.de.

Noch weiter im Text …

… geht's in den Original-Texterseminaren von Stefan Gottschling

Wie entstehen verkaufsstarke Texte? Die Texterseminare mit Stefan Gottschling zeigen, wie Sie Botschaften treffend und spannend formulieren, wie Sie Leser „mitnehmen" und die Führung zur Reaktion gelingt. Ob Kauf, Klick oder Anruf.

Texten 1: Stark texten
Ihr Texterseminar führt Sie Schritt für Schritt in den Schreibprozess. Blickverläufe und Textstrukturen? Sie konzipieren ganz sicher. Schreibblockaden? Überwinden Sie spielend. Stilfragen? Klare Regeln helfen. Sie entdecken viele Optimierungschancen und profitieren von starken Text-Werkzeugen. Mit den gelernten Techniken schreiben Sie noch überzeugendere Texte und beurteilen die Textqualität ganz fundiert.

Texten 2: Noch besser texten
Am zweiten Tag des Texterseminars verbessern Sie weiter, entwickeln wirksame Headlines und klare Argumente. Auch Briefings und die langfristige Qualitätssicherung von Texten erhalten neue Impulse. Werkzeuge zeigen sofort Ihr Verbesserungspotenzial. Texteinstiege gelingen spielend, Sie schreiben schnell und verkaufsstark.

Was Sie lernen, ist sofort umsetzbar …

- Wie Sie Verkaufstexte sicher beurteilen.
- So entwickeln Sie Ihren Textentwurf zum Reintext.
- Das Kopfkino nutzen: bildhaft und aktiv texten.
- Leserbezogene Vorteile entwickeln und präsentieren.
- Ihr Werkzeugkasten zur Text-Optimierung.

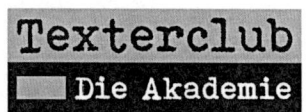

Alle Infos und Termine unter www.texterclub.de.

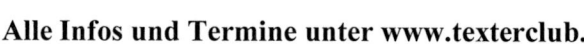

Zum Schluss ...

Zuerst: **Danke liebe Leser!** Danke, dass Sie mit diesem Buch arbeiten. Es ist das erste Lexikon des SGV Verlags. Es wurde mit großer Sorgfalt und viel Spaß für Sie bearbeitet und recherchiert. Jeden Tag kommen neue Ideen, Wörter und Wendungen dazu. Doch weil ein Buch irgendwann in Druck gehen muss, diese Zeilen.

Den Fehlerteufel ...
haben wir mit vielen Korrekturphasen hoffentlich schachmatt gesetzt. Und wenn er an der ein oder anderen Stelle doch zugeschlagen hat, jagen wir ihn in der nächsten Auflage und freuen uns über eine kurze Information an info@sgv-verlag.de.

Zusätzliche Wörter und Wendungen ...
So vollständig wie möglich sollte Ihr Lexikon sein. Ein Arbeitshandbuch für die tägliche Praxis, das die gebräuchlichsten Wörter und Wendungen thematisch zusammenträgt. Deshalb sind nicht alle Redewendungen der deutschen Sprache erfasst. Wenn aber eine fehlt, die Ihnen wichtig ist? Einfach eine kurze Info an die Redaktion.

Noch mehr Wortwelten ...
Wir sammeln schon. Mit „Verbrechen & Kriminalität" und „Länder, Städte & Regionen" haben es zwei neue Wortwelten in die vierte Auflage dieses Lexikon geschafft. Noch mehr Themen warten in der Redaktion. Den aktuellen Stand und immer wieder Kostproben zum Download gibt's unter www.sgv-verlag.de.

Ihre Redaktion

Alle Wortwelten auf einen Blick